Für Vicky,
Patrick und Iona

Autor: Charles Rangeley-Wilson
Illustrationen: Jonathan Gibbs
Übersetzung: Frank Sievers
Fotos: Charles Rangeley-Wilson
Buchgestaltung: Darja Astahova, Veit Dresmann
Lektorat: Heidemarie Düll, Marcel Winkens, Mathias G. Kensa
Verlag: Forelle & Äsche Verlag, Schillingsrotterstraße 45,
50996 Köln
Druckerei: BWH GmbH, Beckstraße 10, 30457 Hannover

Erstmals veröffentlicht unter dem Titel *Somewhere Else* bei Yellow Jersey Press, einem Imprint von Vintage. Vintage ist Teil der Verlagsgruppe Random House.

CHARLES RANGELEY-WILSON

FERNE WELT

Aus dem Englischen von Frank Sievers

FORELLE & ÄSCHE
Verlag

INHALT

WEIT WEG

„Endlich, Charlie“, sagte Ronnie. „Wir sind weg! Weit weg!“

Er beugte sich vor, um einen Blick aus dem Fenster zu werfen. Unser kleines Flugzeug hatte neben der Flugplatzhütte angehalten, als wollte sich der Pilot nur schnell Kippen im Dorfladen holen. Ein Mann, kurze Safarihose, straff bis unter die knochigen Knie hochgezogene Socken, kniff die Augen zusammen, um gegen die Sonne durch die dicken Flugzeugfenster zu sehen. Neben der Blechhütte standen zwei weiße Bänke, ein paar tote Pflanzen in weißen Ölfässern. Eine beleibte Lady schob ihren Kinderwagen vor und zurück.

„Ronnie, wir sind immer noch in der Zivilisation.“

„Hör auf zu jammern. Sieh’s dir an. Das ist das andere Ende der Welt, Charlie. Es ist einfach fantastisch, großartig! Und wir sind hier zum Fischen und wir fahren so weit ins Land, dass die Routine und der ganze andere Mist uns nicht nachkommen können."

Ich wusste genau, was er meinte. Verreisen bedeutet Neues zu entdecken, aber ebenso Abstand von den Dingen zu gewinnen, die man hinter sich lässt. Meine Mutter hatte zu mir gesagt, ich muss diese Reise machen. Ich hatte den ganzen Trip lange geplant und eine Zeitschrift wollte die Story veröffentlichen. Doch dann wurde meine Mutter krank. Ich dachte darüber nach, alles abzublasen, und obwohl sie spürte, dass ich mir Sorgen machte, wollte sie nicht, dass ich ihretwegen zu Hause blieb. Meine Großmutter hatte ebenfalls Krebs, was aber in ihrer Gegenwart niemals angesprochen wurde. Wir nannten es den „Schatten auf ihrer Lunge". Dann, noch bevor die Reise losgehen sollte, starb meine Mutter. Jetzt fischen zu gehen, erschien mir das einzig Richtige. Ich wollte einfach nur weg, weit weg von allem und konnte kaum erwarten, dass es endlich losging.

Weil Birch mitkommen wollte, verzögerte sich die Abreise nochmals. Birch lässt sich niemals zu irgendwas verpflichten. Eine Reise mit ihm ist erst sicher, wenn er im Flugzeug sitzt und in der Luft ist. Er war derjenige, der die Sache angeleiert, mit Elwin E-Mails ausgetauscht, aber nie eine Buchung vorgenommen hatte, bis die Saison schon fast zu Ende war und Ronnie und ich ihm sagten, wir würden jetzt fahren und ihm Bescheid geben, wenn wir angekommen sind. Ich sage Birch immer wieder, er soll endlich sein Leben auf die Reihe kriegen. Der Mann ist das lebende Chaos.

Wir nahmen den Nachtflug von Heathrow nach Johannesburg. Am Abfluggate sah ich aus dem großen Panoramafenster. Das Tageslicht verblasste gerade über den Vororten. Die Warnleuchte eines Servicefahrzeugs zuckte über das Glas. Ich erinnerte mich an meine Zugfahrten aus London hinaus zur Schule, im winterlichen Dämmerlicht, an all die Hintergärten, die verwilderten Rasenflächen, die vergessenen Räder. Sie erweckten in mir damals ein Gefühl der Isolation und des Alleinseins, das mich auf nicht unangenehme Weise melancholisch machte. Jetzt, als ich mit den Taschen neben mir auf den Abflug wartete, hatte ich dasselbe Gefühl. An einen fernen Ort zu reisen, kann dich verändern. Manchmal scheint mir die Veränderung sogar das eigentliche Ziel der Reise zu sein.

Elwin holte uns am Flughafen ab. Sein rechter Arm erschien steif, als wäre er an seine Schulter geschweißt, und er musste sich leicht zurücklehnen, um uns die Hand zu geben. Ich hatte ihn mir größer vorgestellt und weniger einnehmend. Als ich vor unserer Abreise einmal kurz mit ihm gesprochen hatte, antwortete er mit kaum mehr als einem „Kein Problem" oder „Hundertprozentig". Ich hatte eher einen sonnengegerbten, mürrischen Typen erwartet.

Wir lächelten alle etwas verlegen und sprachen kurz über den Flug. Ronnie erzählte Elwin von dem fetten Kerl, der sich während des Flugs die ganze Zeit an seinen Aluminiumkoffer geklammert hatte und bei jeder Turbulenz nervös das Gesicht verzog. Ich ergänzte, dass sein feister Nacken dicke Wulste warf und die gesamte Sitzreihe ächzend einsank, als er sich hinsetzte. Ronnie sah mich an und sagte, nicht ich hätte verdammt nochmal neben ihm gesessen, sondern er, und beim Rückflug würde er seinen Meine-Knie-sind-kaputt-Trumpf ausspielen, um einen besseren Platz zu ergattern. Bei unserem Wortgefecht gingen Elwins Mundwinkel hoch. Er begann laut zu lachen und klopfte sich mit dem guten Arm auf den Schenkel.

„Wir werden viel Spaß haben!"

Es folgte eine lange Fahrt in Elwins Pick-up, immer landeinwärts, von der Küste hinauf auf eine ausgedörrte Hochebene, mit Bergen am Horizont, die einfach nicht näherkommen wollten. Das Land, durch das wir fuhren, war knochentrocken und schien wie tot. Trotzdem begegneten wir Menschen; sie liefen schnurgerade durch das verbrannte Gras, als wollten sie eine Linie von einem Hügel zum nächsten ziehen. Ein Mann lag am Straßenrand, den Kopf auf dem Asphalt. Drei Leute standen an einer einsamen Kreuzung und drehten sich zu uns, als wir vorüberfuhren. Hütten in Enteneiblau oder dem Braun trockener Erde schwelten wie Blasen auf der heißen Ebene. Telefonmasten staken in den schiefsten Winkeln im Boden, als wären sie vom Himmel herabgefallen.

Im nächsten Ort sahen wir das Wrack eines Busses, der einen Kleintransporter übergebügelt hatte und von dem nichts als verdrehtes Metall und ein Motorblock übrig waren. Das Fahrwerk hatte es aus dem Bus gerissen, sodass er jetzt ohne Räder auf der Straße lag wie eine Kuh, die die Beine unter den Körper gesteckt hat. Ein paar Leute standen um das Wrack herum und sahen es sich an. Auf der gegenüberliegenden Straßenseite, neben den Bahngleisen, schluchzte eine Frau. Fünfzig Meter weiter warteten welche auf einen anderen Bus.

„Passiert hier ständig“, sagte Elwin. „Die Transporter sind völlig überfüllt und die Fahrer einfach beschissen. Die kennen nichts. Ziehen ohne Vorwarnung vor dir auf die Straße. Aber was soll man machen? Zum Kotzen ist das.“

In diesem Moment erblickte Elwin genau so einen Laster, wie er ihm vor einem Monat gestohlen worden war.

„Das ist meiner! Jede Wette!“, sagte er.

„Die schnappen wir uns“, sagte Ronnie – ganz der furchtlose Schotte.

„Ronnie“, sagte ich. „Die machen uns kalt und verspeisen unsere Eier zum Frühstück. Lass ihnen den Truck.“

„Ach, komm!“

Elwin brauchte ohnehin keine ermutigenden Worte.

Wir folgten dem Laster, der in eine Nebenstraße

abbog, dann in eine weitere, die zu beiden Seiten von Garagen gesäumt war.

„Ein guter Ort, um zu sterben."

Weiter hinten wurde die Straße breiter und lief auf ein paar Lagerhallen zu, vor denen uns eine lärmende Menge den Weg versperrte. Der Laster vor uns hielt an, und die Leute drängelten sich an ihm vorbei. Ein kleiner Junge sah uns mit ausdruckslosem Gesicht an. Plötzlich meinte Ronnie, er könne doch rasch rausspringen und einen Teppich kaufen.

„Ich wette, die haben hier tolle Teppiche."

Elwin stierte auf den Laster. Drinnen saßen vier junge Männer.

„Wenn der hinten am Stoßdämpfer eine Beule hat, dann ist es meiner."

Wir fuhren zum Laster, die vier sahen uns an, wir sahen sie an. Elwin winkte ab.

„Keine Beule. Abmarsch", sagt er. Er ließ die Kupplung kommen und schob sich im Schritttempo durch die Menge.

„Mann, die hätten mit Sicherheit großartige Teppiche gehabt", sagte Ronnie und sah über die Schulter.

Ich schaute ihn an. „Was ist?", fragte er.

„Du bist verrückt."

Elwin lachte. „Charlie hat Recht, Ronnie. Vielleicht wär's wirklich keine so gute Idee gewesen, hier einen Teppich zu kaufen."

Nach weiteren fünf Stunden bergauf erreichten wir endlich Maclear. Als wir in den Ort fuhren, sahen wir zu unserer Linken noch höhere Hügel, die erst sanft anstiegen, um dann jäh in hohen, schneebedeckten Gipfeln zu enden. Wir überquerten einen Fluss. Der Himmel floss langsam in ein dumpfes Blau über, während die sinkende Sonne die Hügel im Hintergrund in den Schatten fallen ließ und nur noch die Baumspitzen erhellte. Ich sah einen Fisch steigen.

Am Morgen standen wir auf einem Pfad und schauten über das Tal und das gelbe Gras, das sich im Wind kräuselte. Ich schloss die Augen und lauschte. Es klang, als würde trockenes Schilf über eine Tenne geschleift. Hundert Meter vor uns säumte ein grünerer Streifen mit einem dichten Gewirr aus Weiden das Ufer des Wildebeest. Dahinter ein blankes Steilufer aus ockerfarbenem Fels, oben von Gras gekrönt, und in der Ferne die in der grellen Sonne schimmernden Berge. Wir gingen durch das hohe, von Salbei durchsetzte Gras, und mein Kopf schwirrte von der flimmernden Hitze und dem schweren Duft. Am Fluss war die Luft dann wieder kühler und roch nach Morast. Das klare Wasser stand niedrig, es lief über Kiesrinnen und Überläufe von einem Gumpen zum nächsten, gesäumt von Sandsteinplatten und Ablagerungen erodierten Sands.

Elwin stieg mit Ronnie zu einem langen, grünen Gumpen hinab, der von hohem Schilf gesäumt war; wie zufällig herabfallende Regentropfen durchbrachen hier die Forellen die Wasseroberfläche. Moses, Elwins Vorstehhund, arbeitete sich durch das hohe Gras. Ronnie ließ sich vorsichtig in den kalten Fluss gleiten, dass die Wellen nur ganz sanft das Schilf bewegten, und versenkte dann all seine Sinne in eine Forelle, die auf dem hellen Sand gut zu sehen war. Ihn konnte ich erst mal abschreiben. Ich lief ein Stück weiter, fand eine Stelle, an der ich hineinsteigen konnte, und blickte zurück zu Ronnie, dessen Rute sich bog.

Vor hundert Jahren hatte ein Farmer am Wildebeest versehentlich mehrere tausend Eier von Regenbogenforellen geliefert bekommen. Mr. Tarr, wie der Mann hieß, war praktisch veranlagt, wie man es in den afrikanischen Bergen des 19. Jahrhunderts wohl zwangsläufig ist. Anstatt die Eier also wegzuschmeißen, legte er sie in ein mit Kies gefülltes Ölfass, schnitt Löcher in das Fass und warf es in den Fluss – seit diesen Tagen schwimmen im Wildebeest Regenbogenforellen aus dem amerikanischen Shasta River.

Meinen ersten Fisch fing ich in einer schmalen Rinne unter einem toten Baum. Ein perfektes Exemplar, das metallisch und purpurn in meiner Hand schimmerte, bis es sich mit einer einzigen Muskelanspannung entwand und zurück ins Wasser glitt.

Später fuhren wir zu einer flussab gelegenen Farm. Zwei Jungs sprangen auf die Ladefläche von Elwins Truck und er nahm sie mit ins Tal hinunter. Der Wächter am Gatter zur Farm war auf einem Auge blind. Sein aschgraues Haar fiel ihm in dichten Locken ins Gesicht, das so spröde und dunkel war wie versengtes Holz. Elwin sprach mit ihm auf Xhosa – ein langes, ausuferndes Gespräch, das erst endete, als Elwin ihm ein paar Zigaretten zusteckte und er uns das Tor öffnete. Einer der Jungs im Garten zeigte uns den Weg zum Fluss.

Hier, in einem dunklen Gumpen mit umgestürzten Bäumen und riesigen Findlingen, hakte ich die größte Regenbogenforelle, die ich je gesehen habe. Ganz allmählich tauchte sie wie ein Foto im Entwicklerbad aus dem trüben Wasser auf, öffnete das Maul, das groß wie ein Küchenabfalleimer war, und zog wieder nach unten. Ich musste irgendetwas gesagt haben, vielleicht hatte Elwin aber auch beobachtet, was hier vor sich ging. Jedenfalls konnte ich ihn hinter mir hören: „Verlier den Fisch nicht, Charles. Was für ein verdammtes Monstrum! Den musst du kriegen. Pass auf! Er zieht nach oben … jetzt dreht er … los, hinterher! … nein, halt … warte! Oh Shit, er zieht hinter den Busch. Charlie, du darfst diesen verdammten Fisch nicht verlieren." Ich hatte aber keine Chance, den Fisch unter Kontrolle zu kriegen, und konnte ihn nur abziehen lassen. Er schwamm zum Einlauf des Gumpens, blieb vor dem Wasserfall stehen, drehte um und verschwand flussab in einem Gewirr von Ästen und Zweigen. Die Schnur riss, und da sah ich sie, die große Forelle, direkt vor uns im seichten Wasser stehen.

„Verdammt nochmal, Mann! Ein Riesenfisch. Warum hast du ihn verloren, du Niete?"

„War keine Absicht, Elwin."

Er lächelte, als genieße er es, mich aufzuziehen, und schüttelte theatralisch den Kopf. „Ist noch viel Luft nach oben bei dir."

Am nächsten Morgen fuhren wir weiter hinauf in die Berge und schlichen uns in die ersten Vorboten dieser urwüchsigen Wildnis. Die gesamte Gegend hier ist unberührte Natur, bis auf die zwei, drei Schotterpisten, die sich irgendwo in Mochesh's Ford in der Mitte treffen. Als wir tags darauf dort vorbeifuhren, sahen wir lediglich einen Tennisplatz an einer Wegkreuzung. Die Landwirte hier unternehmen eine ganze Tagesreise, um ihre Geselligkeit beim Tennisspielen auszuleben.

Einmal hielten wir an, um ins Tal zu blicken, das hinter uns in die Tiefe fiel. Durch die Lücken im Buschland sahen wir den Wildebeest. Höher als die Schluchten, die das Tal umgaben, lag der blanke Fels der Bergkette vor uns. Die Straße schmiegte sich als dünne rote Narbe in die Falten der Landschaft. Als ich strullern musste, schaute Elwin den Steilhang hinab und entdeckte in dem winzigen Bergbach unter uns eine große Forelle.

„Hey, schnell! Kommt her! Das müsst ihr sehen! Ah, Shit, jetzt ist er weg. Mann, was für ein Brocken. Was für ein verdammter Brocken."

Die Forelle war davongeschossen, noch bevor wir die Felskante erreichten.

„Nicht gesehen? Ein Riesending war das. Sollen wir runterklettern?"

Wir schauten in die Tiefe.

„Vielleicht lieber nicht“, sagte Elwin. „Komm, lass uns weiterfahren.“

Elwin trug die Begeisterung im Gesicht. Der Zynismus und Überdruss, die das Markenzeichen seines Berufsstands sind, fehlten ihm vollends. Besonders gern tauchte er hinter unserem Rücken auf, kitzelte aus irgendeinem Winkel, den Ronnie oder ich übersehen hatte, einen Fisch und lachte laut auf. „Augen auf, ihr britischen Nieten!“ Es war ansteckend. Elwin fischte, als wären morgen alle Flüsse ausgetrocknet.

Später hielten wir erneut an, auf einer Anhöhe, von der aus wir sehen konnten, wie die flachen Gipfel der Berge hinter uns wie ein zerknautschtes Laken in sanfte Hügel abfielen. Auf dieser Seite der Berge war das Gras hoch und grün, und in jeder Furche des Hügels, selbst noch weit oben, konnten wir von Pflanzen gesäumte, kalte Rinnsale entdecken. Doch dann überquerten wir die Wasserscheide, und plötzlich war das Land gelb und trocken. Wir fuhren an der Flanke des Plateaus hinab zum Sterkspruit River. Unten sahen wir, dass der Flusslauf eine mäandernd grüne Oase war, mit hohem Gras und Pappeln, die vor dem blassen Hintergrund hervortraten.

Wir parkten am Ende eines langen Feldwegs an einem Schafpferch aus Stein. Eine Böe drückte die offene Wagentür gegen das Scharnier, wühlte den Fluss auf und schüttelte das Laub von den Weiden, das auf das ruhige Wasser des Flussufers fiel. Vor uns machte der Fluss eine Biegung, glitt über eine bemooste Felsplatte und tauchte in einen kreisrunden tiefen Gumpen ab. Unterhalb der Schwelle fing Ronnie in schneller Folge drei Regenbogenforellen, als eine farbige Lady mit ihrem Sohn zum Fluss herunterkam. Sie sahen uns eine Weile zu, aus Neugier oder weil sie das Wasser nicht trüben wollten. Als Ronnie seine Schnur einkurbelte, begann die Frau ihre Kleider zu waschen.

Wie wir Seite an Seite den Sterkspruit hinauf liefen, Elwin links, Ronnie in der Mitte, ich rechts werfend, jede Tasche, jeden in den Fluss ragenden Ast abklopften, in den schmalsten Rinnen fette Regenbogenforellen fingen, sahen wir wahrscheinlich wie Cowboys aus, die breitbeinig und Peitschen knallend in die Stadt stiefeln.

Als wir durch einen langen flachen Abschnitt wateten, sah ich, wie ein guter Fisch mit der Nase eine Bugwelle durch den Gumpen oberhalb schob. Er stieg wieder und dann gleich nochmal ein paar Handbreit weiter, wobei seine Schwanzflosse die Wasseroberfläche durchschnitt. Elwin hatte ihn auch gesehen. Er gab mir eine Royal Wulff – eine große – und meinte: „Dazu wird er nicht Nein sagen.“

Ich warf die Schnur aus, verpasste aber seine Futterspur. Beim zweiten Wurf hob der Fisch den Kopf und schob das Maul über die Fliege. Ich hob die Rute an, Elwin flüsterte „Yesss!“, und die Schnur zog eine Spur durchs Wasser. Ober- wie unterhalb des Gumpens war der Fluss derart flach, dass die Forelle bald vom Schwimmen im Kreis erschöpft war. Es war ein großer Fisch – zwei Pfund oder mehr. Seine durchscheinenden Flossen waren mit schwarzen Punkten gepfeffert.

Dann stiegen wir aus dem steilen Tal hinaus auf ein flaches Plateau. Ich schaute auf den Fluss und die trockenen Hügel: abgesehen vom gelben Gras und dem anderen Winkel der Sonne hätte es auch mein heimisches Glen Lyon sein können. Wir setzten uns ans Wasser. Elwins Pick-up war irgendwo weit weg.

Wir beschlossen, Birch anzurufen, und Ronnie kramte sein Handy heraus.

„Ich glaub's ja nicht. Fünf Balken! Wenn du die M3 rauffährst, steckst du permanent in einem schwarzen Loch, aber hier, in der tiefsten Pampa, fünf Balken …! Okay, warte ... Es klingelt. Nicht zu fassen. Birch? … Ja, ich bin's ...! Was glaubst du, wo ich bin? Ich bin auf einem Berg in Südafrika und fange Regenbogenforellen im Dutzend, und du sitzt in einem Büro in Wiltshire und sortierst Papiere … Birch, du musst dringend dein Leben auf die Kette kriegen."

Technik kann so schön sein.

Im Dunkeln liefen wir zum Wagen zurück. Als wir an eine Weggabelung gelangten, sahen wir in beide Richtungen und überlegten, welches der richtige Weg sei. Wir fuhren weiter, suchten nach einem Orientierungspunkt. Aber Meile um Meile war alles schwarz außer dem gelben Scheinwerferkegel auf der Straße. Wir sollten nach einem Schild mit einem Collie Ausschau halten, das den Weg zum Highland Hideaway weisen sollte, unserer Unterkunft. Zweimal mussten wir umkehren, wieder durch meilenweites Nichts, und als wir das Schild schließlich fanden, hatten wir das Ausmaß der Wildnis begriffen, die uns umgab. Am Haus brannte Licht, im Kühlschrank standen drei Bier, und eine Nachricht des Besitzers bat uns, zum Abendessen rüberzukommen – „einfach die Straße hoch".

Zurück in die Unendlichkeit. Erneut fuhren wir mehrere Kilometer und fragten uns schon, ob er eine andere Straße gemeint hatte, als einer von uns in weiter Ferne ein Licht sah. Grant war ein großer Kerl, mit einem Händedruck wie ein Bindestock, für den man sich als Besucher in Südafrika wohl wappnen muss. „Kommt rein", sagte er. „Ich hol euch was zu trinken." Kathy war eine attraktive Frau, wie wir alle drei, schon einige Tage fern des Heimathafens, gleich bemerkten. Wir tranken Wein, aßen Braten und sprachen über Rugby und Kriminalität.

Am nächsten Morgen schickte Kathy eine Lady, die

uns Frühstück brachte, und wir saßen in der Küche und sahen auf das diesige Tal. Ich dachte darüber nach, dass fast alle Gespräche mit den Leuten hier um ein und dasselbe Thema kreisten.

„Hast du schon mal überlegt, von hier wegzugehen?“, fragte ich Elwin. „Ich habe das Gefühl, dass jeder irgendwen kennt, der erschossen oder vergewaltigt wurde.“

„Man denkt schon drüber nach.“

„Ist Maclear auch so unsicher?“

„Ach, da ist es ruhig. Wobei – ich schätze, seit wir hier sind, wurden zehn, zwölf Bauern getötet. In sechs Jahren. Die Typen wollen sich die Höfe untern Nagel reißen. Manchmal sind's die eigenen Arbeiter. Alles eine riesen Scheiße. Aber nein, ich gehe hier nicht mehr weg. Das ist mein Zuhause. Die Fischerei hier ist zu gut, um einfach abzuhauen. Ich bleibe hier, ich werde hier sterben, und bis dahin werde ich rund um die Uhr fischen. So seh ich das.“ Jetzt im Nachhinein kommt es mir komisch vor, dass er das gesagt hat, aber das waren seine Worte.

„Wie lange fischst du schon?“, fragte ich.

„Drei Jahre.“

Ich sah ihn verdutzt an.

„Drei Jahre, das heißt drei Jahre lang jeden einzelnen Tag. Jeden Tag. Hab Einiges aufzuholen.“

„Was ist der Reiz für dich daran?“

„Was der Reiz daran ist? Musst du doch wissen. Ich habe keine Ahnung. Ich weiß nur, für mich ist es das Größte. Wenn ich fische, fühle ich mich lebendig.“

Wir reisten an diesem Tag noch weiter nach Rhodes, ins innerste Herz dieser Landschaft. Nachdem ich anfangs gedacht hatte, dass wir aufs Geratewohl fahren, kam es mir jetzt so vor, als wären wir schon die ganze Zeit, von diesem Ort angezogen, darauf zugefahren.

Die Landstraße war nass und voller Schlaglöcher, und obwohl der Regen schon vor Stunden aufgehört hatte, waren in der weichen roten Erde nur zwei frische Spuren anderer Fahrzeuge zu sehen, mit regellosen Schlenkern wirrer Ausweichmanöver. Der Ort selbst liegt in einer Flussbiege des Bell River; gekalkte Steinbauten mit Wellblechdächern, in glänzend grüne Farbe getunkt, die schachbrettartigen Straßen im scharfen Kontrast zur Wildheit des Flusses und der Hügel.

Wir tranken in der Dorfbar, einer spärlich beleuchteten Kneipe, Luft wie Senfgas, Lichter, die an und aus gingen und alle Gäste minutenlang in dichtes Dunkel tauchten. Zwei burische Farmer saßen ebenfalls an der Bar. Der eine hatte Schultern groß wie Schinkenkeulen. Der andere klammerte sich an die Theke, als wollte er sie festhalten, damit sie nicht einstürzt. An der Wand hinter ihnen prangte ein silberner Pokal mit einem Einschussloch in der Mitte. Die Barfrau hatte kurzgeschorene blonde Haare und wegen irgendetwas schlechte Laune.

„Was wollt ihr?“, fragte sie brüsk. Wir bestellten Bier. Elwin gab ihr einen aus. Endlich lächelte sie, und als sie hörte, dass wir aus England sind, erzählte sie uns, wie gern sie einmal hinfahren würde, um Starlight Express zu sehen. Ich wollte ihr gerade sagen, dass das die Reise nicht lohnt, als der Farmer mit den Schinkenschultern meinte, er auch. Sie sah ihn an, als würde er ihr einen Haufen Hundekot überreichen. Er schaute weg. Doch als sie sich vorbeugte, um ein Glas zu spülen, warf er ihr einen verstohlenen Blick zu. Ihre schweren Brüste wippten unter dem weißen T-Shirt. Unsere Gegenwart gefiel dem Mann ganz und gar nicht.

Irgendwann kreuzte ein kleiner, buckliger Kerl in grauen Knickerbockern auf und setzte sich zu uns an die Bar. Elwin sagte „Hi!“ und schlug ihm auf den Rücken, weshalb ich kurz dachte, die beiden würden sich kennen. Aber der Typ blinzelte überrascht.

„Was trinkst du?“, fragte Elwin.

„Nichts, danke“, erwiderte er schüchtern angesichts des groben Tons, der hier herrschte. „Ich nehme eine Cola. Geh morgen auf Fasanenjagd und muss fit sein.“

„Vier Bier, vier Slammer“, sagte Elwin.

„Dein Freund hört wohl nicht gut“, sagte der Bucklige zu mir.

„Bitte?“, fragte Elwin.

Der Bucklige trank fünf Slammer und fünf Bier. Er würde sich diese Fasane schon holen. Elwin war sein bester Freund und er freute sich wahnsinnig, dass wir alle hier so viel Spaß hatten. Wir alle waren seine besten Freunde. Scheiße ja, seine besten Freunde auf der ganzen verdammten Welt. Er fing an zu weinen. Sagte der Barfrau, wie schön sie sei. Ist sie nicht wunderschön? Wir nickten. Der Bure rutschte unruhig auf seinem Barhocker hin und her. Als sich der Bucklige schließlich verabschiedete, hob er beim Gehen ein Bein höher als das andere. Er wirkte, als könnte er nur Tiere schießen, die irgendwo angekettet sind. Wir beschlossen, ebenfalls ins Bett zu gehen und den Buren die Theke allein festhalten zu lassen. Wir waren immer noch um Worte verlegen.

Die Barfrau hielt uns die Tür auf. „Wir veranstalten morgen einen Braai. Kommt doch auch!“

„Danke“, sagte ich und stellte sie mir nackt vor. „Sehr gerne. Danke, dass du es so lange mit so vielen Besoffenen ausgehalten hast. Du bist wirklich sehr, sehr …“

„Raus jetzt, Charlie!“, sagte Ronnie und schob mich aus der Kneipe auf die sichere Seite.

Unter klarem Himmel liefen wir zu unserer Unterkunft zurück. Die Sterne drehten sich auf einer neuen Umlaufbahn und die Landstraße zog unter meinen

Füßen davon.

„Vielleicht liegt es am Coriolis-Effekt, aber ich muss mit diesen Titten spielen“, sagte ich.

„Monsterdinger, keine Frage“, sagte Ronnie.

„Wir holen uns morgen ein paar andere Monster“, sagte Elwin. „Ein paar richtig große fette Monster.“

Der nächste Tag war strahlend grell. Meine Augäpfel schmerzten. Ronnie stöhnte, als wir den steinigen Weg zum Bell hinabbumperten.

„Die letzten ein bis zwei Slammer könnten ein Fehler gewesen sein, Charlie.“

„Ihr Schlappschwänze“, sagte Elwin. Ich sah an seiner Gesichtsfarbe, dass es ihm keinen Deut besser ging.

Wir fuhren bis zu einem rostigen Eisentor, blieben mit laufendem Motor stehen und starrten es an. Nach einer Minute kletterte ich aus dem Wagen. Während ich versuchte, die Kette zu lösen, drehte sich Elwin zu Ronnie um und fragte: „Schon mal den Schlangentanz gesehen?“ Ronnie schüttelte den Kopf.

Elwin stieg aus, kam auf mich zu und schrie: „Nicht bewegen, Charles! Hinter dir ist eine Schlange!“

Ich drehte mich um. Elwin sah panisch aus. Ich würde auf keinen Fall stehen bleiben. Ich rannte zurück zum Pick-up und hob die Beine so hoch ich konnte. Auch Elwin rannte mit vollendet angsterfülltem Gesicht zum Auto zurück. Ich sprang auf die Motorhaube und wedelte mit den Händen hinter meinen Beinen, weil ich meinte, das Vieh würde nach meinem Arsch schnappen. Erst da bemerkte ich, dass die beiden lachten. Ronnie war dermaßen rot im Gesicht, dass ich dachte, er würde gleich ersticken, Elwin hieb aufs Lenkrad ein und schnappte nach Luft. Als er wieder sprechen konnte, sagte er zu Ronnie: „Das ist der Schlangentanz.“ Dann prusteten beide wieder los.

Wir parkten hinter dem Tor auf einer Hochebene. Ronnie kam nur halb aus dem Wagen, dann fiel er wieder lachend in den Sitz. Ich sagte zu ihnen, sie sollten sich einen von der Palme wedeln, und lief hinunter an den Fluss, um zu fischen. Der Bell rann langsam über den flachen Grund und leckte mit sanftem Rauschen an den Kiesbänken. Nur fünfzig Meter weiter fiel er jäh ab und stürzte in einen runden Gumpen, ehe er auf eine steile Schlucht mit abgerundeten Klippen und Felsen aus Sandstein zuschoss. Ich fing am Rand des Plateaus zwei schöne Forellen – kurze, gedrungene Fische, die sich lebhaft im klaren Strom wehrten. Elwin und Ronnie standen noch beim Pick-up, dann riefen sie mir zu, ich solle ihnen folgen.

Wir liefen anderthalb Kilometer flussabwärts, bis wir schließlich auf einem Felsvorsprung über einer hufeisenförmigen Ausbuchtung standen. Die Sonne schnitt in die Schlucht und warf die eine Hälfte in tiefen Schatten. Ronnie und Elwin kletterten nach unten; ich setzte mich auf die Kante und machte Fotos, während sie in einem langen blauen Gumpen vor einem Wasserfall fischten. Ab und zu fing einer der beiden wieder an zu lachen. In diesem tiefen Gumpen fischten wir mit schweren Nymphen und buschigen Trockenfliegen, die uns silberne Fische bescherten, während Hitze und Licht von den Felsen prallten, dass uns in der dünnen Luft schummrig wurde. Die Fische hatten eine ordentliche Größe – alle über dreißig Zentimeter, manche sogar vierzig oder mehr, dickbauchig, mit winzigen stromlinienförmigen Köpfen und Ochsenschultern.

Am späteren Nachmittag zog sich der Himmel zu und verdunkelte sich, die Temperaturen fielen in fünfzehn Minuten um ebenso viele Grad. Elwin, der das Wetter hier besser kannte als wir, wurde nervös und trieb uns an, zum Wagen zurückzukehren. Ronnie und ich folgten nur zögerlich, da wir nicht aufhören konnten, unsere Fliegen in die vielversprechenden Gumpen auszuwerfen, obwohl die Fische bald nicht mehr bissen. Plötzlich stand Elwin weit oben über uns auf einem Felsen, sein rotes Halstuch ein Punkt in der grauen Landschaft, und wedelte mit den Armen. Ich sah zu ihm hoch und sagte zu Ronnie: „Ich glaube, jetzt müssen wir uns wirklich beeilen."

Während der letzten Schritte zum Pick-up begann es zu schneien. Der Schnee blieb eine Minute liegen, doch als wir den Pass am oberen Ende des Tals erreichten, war er schon wieder geschmolzen. Die Grenze zu Lesotho war nur fünf Kilometer entfernt.

Auf dem Rückweg kamen wir an einem aus Gleisschwellen und Wellblech gezimmerten Telefonhäuschen vorbei, das auf einem Feld stand. Wir schauten auf das trostlose Gebilde und dachten, wenn es einen Ort gibt, auf den die Bezeichnung „weit weg" zutrifft, so weit wie der Nordpol, dann ist es dieses Telefonhäuschen.

Als ich zwei Tage später mit dem Taxi vom Flughafen durch die Vororte des Londoner Ostens fuhr, fragte mich die Fahrerin, ob ich auch unten an der Küste in Bathurst gewesen sei. „Wieso? Was gibt's da zu sehen?", fragte ich zurück.

„Da gibt es eine riesige Ananas aus Fiberglas mit Restaurants und allem Drum und Dran. Ein tolles Ding."

„Nein", erwiderte ich. „Ich war nur in den Bergen, Forellen fischen. Sind dort ziemlich beeindruckend."

„Wie die Ananas", sagte sie.

Zwei Monate später, auf einer Jagd- und Angelmesse, fiel Ronnie unser Versprechen wieder ein, Elwin ein paar Halstücher zu schicken. Er ging los, um welche zu kaufen, und kam mit einer bunten Kollektion zurück. Die würden Elwin gefallen. Etwas später kam ein Freund von ihm an unserem Stand vorbei, bat uns, mit ihm hinauszugehen, und sagte uns, dass Elwin tot sei, vor ein paar Tagen bei einem Unfall ums Leben gekommen. Er hatte es gerade erst erfahren. Es war reiner Zufall, dass er uns gesehen hatte. Elwin war an meinem Geburtstag gestorben.

Als Ronnie mich am Abend nach Hause fuhr, sprachen wir wenig. Ich erinnere mich noch, wie wir den Hügel hinab auf Ronnies Haus im Tal des Ebble zufuhren. Ronnie ergriff als erster das Wort. Das mit Elwin sei einfach nur traurig. Wir sahen beide starr geradeaus. „Er war ein guter Typ, irgendwie anders. Ich wollte unbedingt noch mal dort fischen, aber jetzt nicht mehr. Auf keinen Fall." Ich sah auf die Straße. „Du hast Recht", sagte ich. „Es wäre nicht mehr dasselbe."

Ronnie schickte eins der Halstücher an die Bar in Rhodes und bat Fred, den Besitzer, es einem der Springböcke um den Hals zu wickeln. Wir sind nicht hingefahren, um zu sehen, ob es wirklich dort hängt.

DER MAGISCHE BLITZ DER WEISHEIT

Das Telefon klingelte. „Such deinen Pass raus, wir fahren in den Himalaya, Forellen fangen."

„Hallo Patrick. Schön, von dir zu hören." Ich kenne diese Anrufe. Keine Begrüßung, immer gleich zum Wesentlichen. Meist geht es darum, wo wir unbedingt fischen gehen müssen, oder wo er gerade gewesen ist, aber selten um etwas derart Exotisches. Oder er schweigt. Tut erstaunt, dass ich überhaupt drangegangen bin und er mich endlich mal erwischt hat.

Zugegeben, in letzter Zeit war ich wirklich schwer zu erreichen. Das Telefon ist ein Krebs, der deine Seele frisst. Ich kann keine Stunde schreiben, ohne eine Ausrede zu finden, mein Leben durch die Strippe dahinsickern zu lassen. Deshalb versuche ich es zu ignorieren – was natürlich unmöglich ist. Ich habe die Klingel abgestellt, allein, ich bin mein eigener Hemmschuh. Ich gehe mit dem Fiffi raus, ein kleiner Spaziergang wird mir gut tun, doch kaum habe ich ihm den Rücken gekehrt, hat er sich von der Leine gerissen, kackt in den Flur und kaut mir die Möbel ab. In der Stille ordnen sich die Dinge, aber ich erwische mich dabei, dass ich alles tue, um ihr zu entfliehen. Ich stelle mein Leben mit Geräuschen zu, schlage am Rand des Abgrunds auf Trommeln ein. All das schoss mir peinigend durch den Kopf. Da wusste ich, ich muss hier raus, ich muss endlich wieder fischen gehen.

Welch Ironie, dass es dazu ausgerechnet einen Anruf brauchte. Erst vor ein paar Wochen hatte ich in einem viktorianischen Buch eine Zeichnung gefunden. Eine wunderschöne Bachforelle aus dem Hochland, in allen Details inklusive Zähnen und den Punkten auf der Fettflosse, gefangen in den Nilgiri-Bergen in Madras, in den 1860er Jahren. Ich machte eine Fotokopie, pinnte sie mir an die Wand und stellte mir die Reise vor, die diese Forelle unternommen hatte: als ein in Eis verpacktes Ei auf einem Dampfschiff, das vielleicht aus Liverpool kam, die Eispakete auf Ponygespannen an einen Fluss in den Bergen gebracht. Ich versuchte mir den Fluss vorzustellen, aus dem die Forelle kam, ein von Bäumen bestandener Wasserlauf, der sich durch verdorrte rote Erde wand, aber ich musste mir mein Bild von Teepackungen oder den Postern in indischen Restaurants herleiten: grüne Hügel, im Fensterrahmen ein küssendes Liebespaar, seine Hand auf ihrer Brust, Bilder, die mir die Zehennägel aufstellten. In meinem Madras schnappten die Forellen nach Heuschrecken.

„Wann?“, fragte ich.

Patrick sagte, wir sollten uns treffen, um die Reise zu planen. Sein Freund Rod könnte uns nach Bhutan bringen, ein fernabgelegenes Königreich an den Südhängen des Himalaya. Es war für Ausländer zwar schwierig, aber auch nicht ganz unmöglich, nach Bhutan zu gelangen. Immerhin kannte Rod dort ein paar wichtige Leute. Er könnte da was arrangieren. Das Land war durchschossen von Forellenbächen, für die sich niemand außer dem König interessierte. Wir würden schon seine Erlaubnis bekommen. Rods Hochzeit stand bevor; er wollte in Bhutan seine Flitterwochen verbringen. Er würde mit Alison vorfahren, um eine Woche in den Bergen zu verbringen, bevor wir dazustießen.

An dem Abend, als wir in einem Londoner Pub unsere Reise planten, lernte ich auch Rod und Alison kennen. Sarah war ebenfalls dabei – sie würde Patrick begleiten. Es war ein kalter, verregneter Februartag. Je länger wir über Bhutan sprachen, umso mehr lockte mich die Aussicht, diesem bleiernen Winter zu entkommen. Wir zeichneten die Route in groben Zügen nach. Der Weg nach Bhutan führte uns über Kalkutta.

Kalkutta trifft dich wie ein Faustschlag. Als wir aus dem Flugzeug stiegen, brandete die Hitze wie Sturzwellen eines kochenden Meeres auf uns zu. Patrick, der für das miese Londoner Wetter gekleidet war, hatte sich, noch bevor wir einen Fuß auf den klebrigen Asphalt setzten, bis aufs Hemd ausgezogen. Im Flughafengebäude war es unerträglich heiß und stickig, eine klaustrophobische Enge wimmelnder Menschen. Beamte mit Erkennungsmarken, in schmutzigweißen Uniformen, schickten Schlangen erst nach links, dann nach rechts. Es dauerte Stunden, um durch das Gebäude zu kommen; anstellen, Formulare ausfüllen, zurück ans Ende der Schlange, nicht hier, sondern dort, nicht dort, sondern hier. Eine bis aufs Skelett abgemagerte Frau kam an die Frontscheibe. Als sie mich sah, hielt sie ihr krankes Baby in die Höhe und bettelte, ich möge ihr eine Münze unter der Tür durchschieben. Ich hatte nur Dollarscheine und steckte ihr einen durch. Ein Fehler. Sofort waren wir von Menschen umringt.

Unterdessen lief Patrick mit einem Schwarztaxifahrer

durch die Vorhalle.

„Wann war Patrick das letzte Mal im Ausland?", fragte ich Sarah.

„Kommt nicht so häufig raus aus Monmouth."

Patrick blätterte seine Scheine auf und fragte nach dem Preis. Der Fahrer kriegte große Augen. Ich ging zu ihnen rüber, um klarzustellen, dass wir ein Taxi mit Lizenz wollten, Punkt und aus, worauf der Fahrer frustriert ins Taxihäuschen marschierte, den Kopf durch ein Loch im Fliegengitter des Fensters streckte und weiterdebattierte. Irgendwann schrie der Beamte drinnen ihn an, aber er ließ sich nicht abbringen und flehte uns an, doch sein Taxi zu nehmen. Schließlich gab er auf, schüttelte die Hände des Taxibeamten ab und sagte im Davongehen, er sei nicht zufrieden mit uns, ganz und gar nicht zufrieden. Mit einem Papier für das amtlich zugelassene Taxi mit der Nr. 8897 traten wir hinaus, wo sich die Leute darum rauften, eine Hand an unser Gepäck zu bekommen, das aber bereits eingeladen wurde. Dann streckten sie uns ihre leeren Hände entgegen. Wir gaben ihnen Geld, worauf noch mehr Menschen kamen und uns anbettelten. Als wir endlich im Taxi saßen, sahen wir stur geradeaus und versuchten die Bettler und unser nagendes Schamgefühl zu vergessen.

Was wir von Kalkutta sahen, sahen wir durch das Fenster des Taxis, eines rostigen Austin Ambassador, gelb wie all die anderen, die über die breite markierungslose Autobahn ins Stadtzentrum schwärmten. Der Fahrer lehnte den Ellbogen gegen die Hupe; die ganze dumpfe Herde muhte wie elektrische Kühe bei Sonnenuntergang. Die in den Wagen strömende Hitze spülte Staub und stickige Abgase herein. Kinder spielten in der Gosse, Männer schlugen wahllos auf Betonklumpen ein, Krähen balgten sich um Müll. Aus dem Sumpf stiegen die Vororte auf – halbfertige Gebäude, knietief im Wasser; Tümpel mit Silberreihern; ein stinkender Fluss. Dichter und enger aneinandergereihte Häuser und Straßen. Die Stadt zog sich zusammen, bis wir zwischen den eingepressten schmucken Gebäuden und improvisierten Baracken das Fairlawn Hotel erblickten, eine Oase des verwitternden Kolonialismus, in das wir uns flüchteten, ohne uns unsere Erleichterung eingestehen zu wollen.

Wir setzten uns in den Hof und tranken Bier. In den Bäumen über uns zeterten die Krähen. Von den hohen Gebäuden ringsum schallte der Straßenlärm. Ein dumpfes, rülpsendes Getöse. Ich ging mit Patrick ans Tor, um die verstopfte Straße entlangzusehen. Unser Blick auf ein anderes Lebensmaß. Wir traten auf den Gehsteig, zögerten. Lieber blieben wir doch hinterm Tor, in Gedanken schon in Bhutan. Kalkutta war unser Styx, und am nächsten Morgen würde uns unser Fährmann in seinem gelben Ambassador wieder auf die andere Seite bringen.

Das Rollfeld in Paro war auf einer der wenigen flachen Ebenen von Bhutan gebaut worden, auf denen Flugzeuge landen können. Trotzdem stürzten wir wie eine Stuka nieder. Mein Magen drückte sich in die Lunge, und plötzlich musste ich dringend pissen. Ich kam mir vor, als würde ich durch ein Loch ins Erdinnere gezogen, bis der Flieger in eine sanftere Flugbahn überging und rundum die Berge aufragten. Der Fluss unter uns hatte eine leichte milchigweiße Färbung. Er mäanderte durch eine trockene, steinige Ebene und floss unter den massiven Mauern eines Tempels hindurch, die sich zu einer kunstvollen goldenen Dachlinie streckten. Der Tempel drückte sich an einen Hang, dessen steiler Grat weit durch die Ebene führte und höher und höher stieg, bis er außer Sichtweite war. Rundum zitterten Holzstangen im Wind, die mit Fahnen aus Seide bestückt waren.

Karma, unser Begleiter, erwartete uns am Flughafen. Er erklärte uns, dass es sich um Gebetsfahnen handelte. Karma war beschämend freundlich, verbeugte sich mit einem breiten Lächeln, nahm unsere Taschen und warf sie in den Kofferraum seines blauen Toyota. Am Steuer saß Mindu und kaute Betelnüsse, wobei sein Lächeln eine Reihe leuchtend roter Zähne entblößte. Die Landstraße nach Thimphu war staubig und heiß, übervölkert von Kleintransportern und verchromten Holzlastern mit befremdlichen Augen, die über den Scheinwerfern aufgemalt waren.

Rod und Alison begrüßten uns in der Bar des Druk Hotel am zentralen Platz von Thimphu. Rod bestellte fünf Golden Eagle, wir stießen mit den Flaschenhälsen an und tranken.

„Auf die Forellen von Bhutan."

Unser Guide Kencho saß steif in der Ecke, violetter Gho, feste Schuhe mit hochgezogenen Socken. Er sagte genau das, was wir hören wollten – dass alle Flüsse vor riesigen Forellen strotzten. Diese Auskunft im Hinterkopf, gingen wir früh schlafen, aber von der Aufregung der Reise überreizt, schlief ich unruhig und träumte von einem dicken Fisch, halb Forelle, halb Seewolf, der in einem Nachtklub sang. Schwitzend wachte ich auf. Draußen heulten sich die Hunde von Thimphu über die dunklen leeren Straßen an. Zu Hunderten schickten sie ihr endloses Wehklagen in die Nacht – ein furchterregendes Jaulen.

„Diese Hunde", sagte ich beim Frühstück, völlig erledigt.

„Die bringt nur deshalb keiner um, weil sie Buddhisten sind", gähnte Alison.

„Ich habe von Steinschleudern geträumt", sagte Patrick.

Es wurde Zeit. Wir wollten endlich fischen. Die Landstraße hatte an einem Fluss entlanggeführt, wo Patrick und ich an jeder Biege und jedem Gumpen halten wollten, um die Rute zu nehmen und ins Wasser zu gehen. Kencho dagegen meinte, wir sollten dieses Tal endlich hinter uns lassen und noch einen Tag fahren. Als er sah, wie enttäuscht wir waren, versicherte er uns, hinter dem Pass würden wir garantiert Forellen fangen. Wir würden zehn Tage lang durch die Gegend fahren, abends im Gästehaus Rast machen oder am Fluss kampieren und alle Täler erkunden, die Bhutan wie Furchen durchziehen. Wir würden noch viel Zeit zum Fischen haben.

Das Land erstreckt sich von Osten nach Westen, die Täler dagegen verlaufen von Norden nach Süden. Um von einem Fluss zum nächsten zu gelangen, muss man steile Hänge überwinden – auf einspurigen Straßen, die manchmal von Bergrutschen weggespült werden. Mindu saß am Steuer seines Toyota Pick-up, kaute Betelnüsse und tippte den Takt zu orientalischem Funk, den er laut aufgedreht hatte. Der erste Halt war Dochu La, eine diesige Kluft in den Bergen und spürbar kälter als der Talboden, von dem wir kamen. In einer Reihe standen zwei Fahrer, zwei Guides und ein Koch, alle in Ghos gekleidet, dazu drei Angler in Jeans am Straßenrand und pinkelten in die Rhododendren. Alison und Sarah schoben sich in die Büsche. Über uns flappten eingerissene Gebetsfahnen im Wind. Kencho knuffte Rod in die Rippen und sagte, Karma sei noch Jungfrau. Mindu lachte und spuckte den Betelnusssaft aus.

„Der Lama Drugpa Künleg war der heilige Narr“, sagte Karma und schüttelte ab. „Mit seinem magischen Blitz der Weisheit hat er die Dämonin besiegt, die sich hier an diesem Pass versteckt hielt und die Reisenden fraß.“

„Sein magischer Blitz der Weisheit war nicht zufällig

sein Penis?“, fragte Rod. Rod wusste alles über bhutanische Mythologie.

Karma grinste und fuhr fort. „Er hat sie getötet, indem er ihn so groß wie nur irgend möglich machte. Aber als er ihn ihr in den Mund steckte, verwandelte sie sich in einen Hund.“ Karma zuckte die Schultern. „Da hat er sie den Berg hinuntergeschleift. Als er unten ankam, war sie verschwunden, weshalb er einen Tempel baute, den er den Tempel des verlorenen Hundes nannte. Heute können kinderlose Frauen dort hingehen und sich auf einen großen Phallus setzen, um vom Heiligen einen *wang* zu erhalten. Ein *wang* ist ein Segen.“

„Ganz genau“, sagte Kencho.

„Das will ich meinen“, erwiderte ich und zog den Reißverschluss hoch. „In unseren Breiten empfindet man das auch als Segen.“

„Geiler Typ, der Mann. Allererste Sahne“, grinste Patrick. „Aber die Bissspuren, Darling? Das glaubst du nicht, wenn ich …“

Wir ließen Dochu La hinter uns und fuhren über den Pass nach Punakha. Die Landstraße, die kaum breiter war als der Laster, fiel neben uns senkrecht in die Tiefe, blanke Kanten ins Nichts. Es wurde wärmer. Während wir langsam ins Tal hinabgingen, zogen wir uns wieder bis aufs T-Shirt aus. Es kam uns seltsam vor, dass unsere Tour in einer solchen Hitze begann, aber in dieser Gegend liegen die klimatischen Schichten wie Paletten aufeinandergestapelt. Unter uns schlängelte sich der Punakha Chhu, der als ockerfarbener Streifen durch Buschland und terrassenförmige Auen schneidet. Er entspringt in den Ausläufern des Himalaya und bringt eiskaltes Wasser in die trockene Ebene von Punakha. Vom Pass hatten wir gesehen, dass der Fluss von heftigen Regenfällen getrübt war, weshalb wir stromaufwärts fuhren, um zum Mo Chhu zu gelangen, einem kleineren Zufluss, der Kencho zufolge bestimmt klar war. „Ihr werdet sehen", sagte er. „Der Fluss ist klar. Er ist immer klar. Keine Trübung. Habe noch nie eine Trübung gesehen. Unmöglich." Aber dort unten lappte der Mo Chhu milchig weiß ans Steilufer. Kencho verfluchte das Wetter und schlug sich wieder und wieder mit der Hand vor den Kopf, bis er ein rotes Mal über den Augenbrauen hatte.

„Hey Kencho, entspann dich", sagte Rod. Aber Kencho war verstummt. Wir hielten an einem Nebenfluss und beschlossen, trotzdem unser Glück zu versuchen. An einem sandigen Strand montierten wir, den Blick aufs Wasser geheftet, unsere Ruten. Es sah hoffnungslos aus. Mit einer kraftvollen Strömung in der Mitte floss das trübe Gewässer in einem Bogen auf uns zu. Während wir noch überlegten, was wir tun sollten, stieg ein dicker Fisch aus dem Wasser. Für einen Augenblick blieb die Zeit, blieb der Fisch stehen.

„War das eine Forelle? Ganz sicher? Eine Forelle?", brach Patrick das Schweigen.

„Natürlich", sagte Kencho und lächelte. Er zuckte die Schultern, als hätte er nie etwas anderes erwartet. Wir sahen wieder auf den Fluss. Weit vor uns, in der Mitte des Stroms, warf eine Forelle an der Oberfläche Wirbel auf, dann schnappte eine zweite weiter unten nach Nahrung. Und noch eine. Sie schwammen weit draußen, bei trügerischer Strömung, aber mit einem guten Wurf würde man vielleicht an die nächsten Fische heranlangen. Wieder stieß eine Forelle hoch aus dem Wasser und klatschte derart laut auf, dass wir allmählich Kenchos Geschichte mit den „sehr, sehr großen Fischen" glauben wollten. Doch selbst nach vierstündigem Auswerfen wusste keiner von uns, worauf sie ansprachen. Ich ging die gesamte Fliegendose durch: Olivefarbene, Köcherfliegen, Kriebelmücken. Die meisten Würfe waren zu kurz; manche gelangten zwar in die Strömung, furchten aber sofort. „Könnte an der Fliege, könnte aber auch am Drag liegen. Keine Ahnung“, sagte ich. Patrick saß nahebei auf einem Findling, rauchte und sah auf die Fische. Ich beugte mich ans Flussufer hinab, um mit beiden Händen das milchige Wasser abzuschöpfen. Ein kleines schwarzes Insekt drehte sich lebhaft auf der gespannten Oberfläche. Ich zeigte es Patrick. „Ganz einfach“, sagte ich. „Wir brauchen verlässliche Fliegen.“

„Unsinn“, sagte Patrick. „Komm, wir gehen ein Bier trinken.“

Als wir am späten Nachmittag weiterfuhren, senkte sich dichter Nebel in die Wipfel der Bäume. Mindu hatte die meiste Zeit im Wagen geschlafen oder Betelnüsse gekaut. Schon vor Jahren hatte ich in Neuguinea die Wirkung von Betelnüssen auf den Fahrer miterleben dürfen. Erst setzt eine Koffeineuphorie ein, gefolgt von einem übermächtigen Bedürfnis nach Schlaf. Jetzt war gerade Schlafphase, und der Nebel trug noch weiter zur Ermüdung bei. Während Patrick wegdämmerte, saß ich aufrecht im Sitz. Selbst Rod hatte den Sicherheitsgurt angelegt. Mindu grinste uns mit seiner roten Zahnreihe unter schweren Augenlidern an, und wir versuchten ihn wachzuhalten, indem wir sangen und Witze über den magischen Blitz machten und ihm beibrachten, auf Englisch zu fluchen.

Gegenüber einem Tempel, der sich den Zusammenfluss des Mo Chhu mit dem Punakha Chhu entlangzog, gab es eine kleine Dorfkneipe mit Kerzenlicht. Mir fiel ein Plakat auf, das an der Wand hing: eine utopische Stadt aus den 1960er Jahren. Allerdings interessierte mich weniger, wie alt das Bild war, sondern vielmehr die Farbe: ein elektrisch-künstlich wirkendes Dunkelorange, wie aus einem Fernseher. Da fiel mir auf, dass dieser elektronische Nabel hier fehlte. „Großartig!“, sagte ich, und alle sahen mich an. „Kein Fernseher. Keine Computer. Kein Telefon. Und überall pinseln sie Schwänze und Mösen auf die Häuser. Ein freies Volk!"

Vor der Kneipe spielten jugendliche Mönche in violetten Gewändern Fußball. Auf der Straße wimmelte es von Kindern. Eins kam ans Fenster, sah uns kurz an und rannte weg. Bald darauf kehrte es mit seinen Freunden zurück, die einer nach dem anderen zu uns hineinsahen und sich, wenn wir winkten oder sprachen, versteckten. Nach einer Weile kamen sie langsam und schüchtern herein, mit dem Rücken zum Tresen. Als Patrick sein Feuerzeug anzündete, rannten sie kichernd hinter die Bierfässer. Der Mutigste kam als erster wieder hervor und bat uns, sich das Feuerzeug ansehen zu dürfen. Der Kleinste versteckte sich hinter seinen Beinen.

Meine erste bhutanische Forelle fing ich im Fluss beim Chendebji Chorten, einem entlegenen Gebetshaus in den Hügeln. Rod und Patrick waren flussabwärts gegangen. Ich hatte mich den Fluss hinauf zu einem tiefen Gumpen vorgearbeitet. Dort schlenzte ich eine große Trockenfliege über den Fluss und ließ sie am Rand der Strömung abtreiben. Nichts. Ich hob die Rute hoch und zupfte die Fliege über die Wasseroberfläche. Wieder nichts. Die Stelle erschien fischträchtig, weshalb ich eine Steinfliegennymphe anband und flussaufwärts warf. Die Fliege war aber nicht schwer genug, sodass sie in der turbulenten Strömung zu mir zurückkam. Ich knotete fünfzehn Zentimeter Nylon an den Hakenschenkel der Fliege und band eine zweite an. Diesmal hatten die Nymphen genug Gewicht und sanken zu Boden, sodass ich es erneut in dem Lauf versuchte. Die Leine straffte sich schon flussauf, erst schwach, dann lebhaft. Die Forelle stellte sich in die Strömung, drehte sich mit ihr, leuchtete hellauf. Sie schnitt durch den

Strom, schwamm unter der Rutenspitze an mir vorbei und schoss durch beide Gumpen und weiter über die Kante hinaus, während die Schnur von der Rolle rauschte. Im nächsttieferen Gumpen hatte ich sie wieder eingeholt, hielt sie einen Augenblick über den Steinen und dachte an die Forelle aus den Nilgiri-Hügeln. Diese hier war über dreißig Zentimeter lang, nussbraun mit silbernen Seiten und sah aus wie die Findlinge, poliert und fest.

An diesem Tag hatten wir einen guten Fang, ausschließlich mit Nymphen. Erst als in der Dämmerung einige Olives auf der Wasseroberfläche abtrieben, begannen die Forellen zu steigen. Die meisten waren klein, nichts im Vergleich zu denen im Mo Chhu, aber es waren wilde Fische, wie wir fern der Heimat – dieser Fluss hätte ebenso gut im Hochland von Mittelwales sein können. Und trotzdem, ganz am Rand schlichen sich die Unterschiede in die Wahrnehmung – die Bambusbrücke; die Kuhglocken; die Gebetsfahnen; die wachsamen, auf die Mauern des Gebetshauses gemalten Augen. Wir ließen den Tag an der Brücke ausklingen, wo uns drei Kinder anstarrten, die sich an den Händen hielten; das kleinste hatte einen großen Schnottballen unter der Nase, der sich beim Ausatmen aufblähte und wieder zusammenfiel. Als Patrick „Yak-Butterkäse!“ rief, kicherten sie hemmungslos und die Blase platzte.

Ein weiterer Pass, eine weitere strapaziöse Fahrt. Wir fuhren zu viel Auto. Eine Gegend eignet man sich nicht an, indem man durch sie hindurchfährt. Es ist eher eine Art Abrieb, bei dem immer ein bisschen hängenbleibt. Aber damit tatsächlich ein bisschen hängen bleiben kann, muss viel abgetragen werden. Es werden Hotels gebaut, Kultur wird verpackt. An keinem mir bekannten Ort ist diese Arbeit so wenig fortgeschritten wie in Bhutan, wenngleich sie auch hier schon eingesetzt hat. Aber je weiter wir gen Westen fuhren, desto mehr verschwanden die Anzeichen moderner Verblödung. Eine Gegend fernab von allem. Wo wir schliefen, heulten nachts die Hunde. Hier draußen in der tiefsten Pampa hörte ich sie vom anderen Ende des Tals, das kilometerweit entfernt lag. Ein langes Heulen, dann ein Heulen als Antwort, und noch eins von näher, bis der Hund unter meinem Fenster über fünfzehn Kilometer offenes Land mit zwanzig anderen Hunden sang. Ich lehnte mich aus dem Fenster. „Hey, Töle, ich weiß nicht, wo du steckst, aber HALTS MAUL!" Nach ein paar Nächten hatte ich mich jedoch daran gewöhnt. Was hätte ich machen sollen? Ich las bei Kerzenschein, bis mir das Buch aus der Hand fiel, und in meinem Schlaf heulten wieder die Hunde. Aber sie heulten nicht nur. Sie zeigten mir mit ihrem Heulen auch die Weite der Nacht. Und in dieser Weite fühlte ich mich angenehm unbedeutend.

Unablässig zogen Mindu und Kencho Karma mit seiner Jungfräulichkeit auf. Er war ein helles Köpfchen, aber mit Frauen kannte er sich gar nicht aus. Kencho dagegen schien in jedem Tal eine Freundin zu haben, obwohl er verheiratet war – die Bergketten wie eine psychologische Grenze und die physische Versicherung, dass ihn hier keine Bratpfanne träfe. Mindu wiederum schien eher große Sprüche zu klopfen. Er wirkte ebenso wenig wie Karma wie ein gestandener Mann. Ugyen, unser Koch, beteiligte sich nicht an den Frotzeleien. Er lachte zwar über die Witze, nahm aber manchmal Karma beiseite, um mit ihm zu reden, während dieser aufmerksam zuhörte.

Wir fuhren in das Tang-Tal im nordöstlichen Winkel der Provinz Bhumtang, zwei Stunden Fahrt auf einem holprigen Feldweg. „In dieser Provinz sind die Mädchen schön und die Fische groß", sagte Kencho und rieb sich die Hände. Schwer zu erraten, welcher Gedanke ihn mehr erregte. Wir hielten an einem kleinen Laden am Straßenrand, um etwas zu trinken zu kaufen. In dem muffig dunklen Textilwarengeschäft, das nach Gummischuhen roch, lagen stapelweise Seiden- und Gebetsfahnen. Wir tranken unsere Cola an den Wagen gelehnt in der Sonne, die Pause genießend. Im an den Laden angebauten Schuppen saßen fünf Mädchen an Webstühlen. Kencho und Mindu schlenderten zu ihnen hinüber. Kencho sprach sie an. Währenddessen schwirrte Karma verlegen im Hintergrund herum. Kencho lieferte eine bravouröse Show, ein Kerl von einem Mann, wir lachten und stachelten ihn an. Plötzlich saß Ugyen auf einem Hocker neben der Schönsten von allen, so dicht, als würden sie sich ewig kennen. Er flüsterte ihr etwas ins Ohr. Sie kicherte und wurde rot.

„Hey, Dr. Looove", sagte Rod. „Wie hat er das denn gemacht? Sieh dir das an, Kencho, was für ein Schlawiner."

Kencho kam zurück und zuckte die Schultern. „Immer kriegt er die Mädchen."

„Tja, er kann halt kochen", sagte Alison. „Was erwartest du?"

„Aber heute Nacht", sagte Kencho, „heute Nacht, da zelten wir im Tang-Tal. Heute ist Nachtjagd."

Patrick hatte es eilig, an den Fluss zu kommen. „Hey, Dr. Looove. Wir müssen los." Ugyen löste sich mit einem Satz, der dem Mädchen die Haare ins Gesicht warf. Er rannte zum Wagen, sprang hinein und sagte „Auf geht's." Wie immer ohne einen Blick zurückzuwerfen.

Der Tang Chhu schiebt sich durch trockene rote Erde und stürzt in hohen Wasserfällen über Klippen, unter denen sich das Wasser in Gumpen sammelt. An den Ufern ein Gewirr aus zerbrochenen Ästen und Zweigen, von den Felsen zerschmettert, von der Sonne weiß gebleicht. Die Findlinge waren ebenfalls hellweiß, glatt und rund.

Kencho behauptete, hier schon große Fische gefangen zu haben. Der Fluss sah aus, als gebe es tatsächlich welche. Während wir zum Ufer hinabgingen, schossen Grashüpfer aufs Wasser. Am Rand, wo sich entlang der Felsen ein durchgängiger Saum aus krustigen Algen zog, der anzeigte, wie weit sich der Fluss zurückgezogen hatte, fanden wir die vertrockneten Hüllen Hunderter Steinfliegennymphen.

Trotz des heißen Wetters und der sengenden Sonne war das Wasser kalt. Wir ließen uns stromab treiben, fischten über Steine hüpfend den Fluss ab. Es gab nur wenig Schlupf, und das Fischen ließ sich langsam an. Ich fand einen besonders tiefen Gumpen und versuchte es wieder mit meiner Steinfliegennymphe, an einem langen Vorfach, damit die Fliege auch sank. Ich warf die Schnur flussaufwärts und ließ die Nymphe zu Boden gehen, mendete mehrere Male die Leine, um den Drag an der Oberfläche auszugleichen. Die Fliege fiel in eine Rinne zwischen zwei Felsen, blieb kurz hängen und kam wieder frei. Erneut blieb sie hängen und die Schnur straffte sich am Holz oder Felsen, den meine Fliege gefunden hatte. Doch dann bewegte sich der Fels. Die Schnur straffte sich mehr und mehr, die Rute begann sich zu biegen, obwohl ich nicht an ihr zog. Offenbar war es doch ein Fisch. Plötzlich peitschte die Rute aufs Wasser und stellte sich zurück, als er gegen den Widerstand an die Oberfläche kam und in die Luft stieg. Spritzwasser blitzte im grellen Licht auf, eine Sekunde hing die Forelle in der Luft, dann klatschte sie zurück in den Fluss. Ein enormer Fisch. Ich hatte keinen Kescher. Ich sah zu Patrick, der flussabwärts saß und rauchend unseren Kampf beobachtete. „Die zählt sowieso nicht. Die hast du mit der Nymphe gehakt. Hol sie einfach selber an Land."

„Patrick, du miese kleine Ratte. Du verblendeter Trockenfliegensnob."

Die Forelle war wieder auf Grund gegangen, schwamm in großen Kreisen durch den Gumpen und zog parallel zum Ufer übers Kiesbett, bis sie ganz nah war, einen halben Meter unter mir. Dann drehte sie wieder ab und verschwand in dem dunklen Gumpen. Ein breiter Streifen kräuselte sich hinter ihr auf der Oberfläche. Shit, ein verdammt großer Fisch. Es gelang mir, die Forelle in einen kleineren Gumpen in einem Rinnsal zu locken, das aus den Hügeln kommend in den Fluss mündete. Die Forelle war so lang wie mein Unterarm.

„Hey Patrick. Willst du auch eine Steinfliegennymphe? Ich hätte noch welche."

„Klappe."

Seit einiger Zeit folgten uns zwei kleine Jungs in roten Stiefeln, blieben aber auf Abstand. Als ich meine Kamera zückte, stellten sie sich in Pose. Gebannt sahen sie uns an, fasziniert von den Polaroids, von Gore-Tex und Kohlefaser. Später sahen wir sie Bambusrohre schwenkend das Flussufer entlanghopsen.

Patrick, Rod und ich hüpften den ganzen Nachmittag das Ufer entlang, suchten kilometerweit den Fluss ab. Zwischen den Gumpen lagen lange Stromschnellen, aber die besten Stellen waren die flachen, ebenmäßig tiefen Läufe, die von Steinen gebrochen wurden. In Wellen schlüpfte immer wieder eine kleine Baetiden-Art, nach der die Forellen begeistert stiegen. Von einem felsigen Ufer, wo ich mich zwischen Dornbüschen niedergelassen hatte, um mich abzukühlen und Fotos zu schießen, sah ich, dass Patrick gerade einen fetten Fisch hakte. Ich machte eine Aufnahme, wie er ihn hochhält; plötzlich sehe ich jetzt, dass auf dem Abzug alles gut belichtet ist außer dem Fisch, der dermaßen hell glänzt, dass er aus dem Bild davonstrahlt.

Wir schlugen unser Lager am Ufer auf und machten aus Treibholz Feuer. Unser Bier bekamen wir in einem einsamen Lädchen weiter oben im Tal, unerwartete Kunden im Dämmerlicht. Der Besitzer zündete für uns eine Kerze an, und wir tranken die erste Flasche bei ihm. Er setzte sich uns gegenüber, lächelte uns zu, nickte, als wir ihm bedeuteten, das Bier schmecke sehr gut.

An einem solchen Ort vergeht die Zeit schnell. Wir hatten einen ordentlichen Fang gemacht und schliefen gut. Auch unsere Guides verhielten sich jetzt nicht mehr so auffällig wie zuvor. Kencho war nach seinen nächtlichen Streifzügen morgens immer platt. Als Einziger frühstückte Karma mit uns. Das Drama seiner Jungfräulichkeit hatte inzwischen wahnhafte Züge angenommen. Karma kam frisch von der Uni und flüchtete sich unter Druck in umständliche Darstellungen der bhutanischen Mythologie. Dass er James Dean verblüffend ähnlich sah, hatte bei den Mädels leider keine Wirkung. Um den Hänseleien endlich ein Ende zu setzen, holte er sich, wo immer er konnte, Rat. Wirklich helfen konnte ihm aber wohl nur Alison: Mit Schmeicheleien kommst du immer ans Ziel, meinte sie. Sag ihnen einfach ganz direkt und aufrichtig, dass sie wunderschön sind, dann läuft es wie von allein. Wie immer machte Karma sich Notizen.

Wir verließen den Tang, fuhren über den dritten Pass zurück und dann nach Süden in ein verstecktes Tal. Kencho brauchte eine Pause. Er lag ausgestreckt auf der Rückbank und stöhnte bei jeder Bodenwelle.

„Hey Kencho", sagte Rod. „Irgendwann fällt er dir noch mal ab."

Der Gangte Chhu lag wie eine auf einem Felsen eingerollte Schlange in der Sonne. Als wir hügelab darauf zufuhren, sah ich die gewundene Linie aus Lichtspiegelungen, ein Fluss, der sich immer wieder in sich selber wand. Von seiner Quelle sickert der Gangte aus einer Talmulde aus Moos und schwammigem Torf langsam über die Hänge hinab. Auf der sumpfigen Ebene weiß er zunächst nicht recht wohin, doch wenn am Ende des Tals das Gefälle zunimmt, strafft sich der Fluss und rauscht über festes Gestein in die Tiefe. Darüber liegen etwa zehn Kilometer eines labyrinthartigen Forellenflusses in einem fünf Kilometer langen Flusstal.

Der Himmel über dem Gangte verdunkelte sich zu einem Tiefblau, das alle Farben im Tal dämpfte, nur die Rhododendren erstrahlten mit ihren roten Punkten wie die Tupfer der Forellen. Eine große, schwefelgelbe Eintagsfliege schimmerte im trüben Licht wie die Öljacke eines Trawlerfischers.

Einmal setzte ich mich ans Ufer, um ein Foto von Rod und Patrick zu machen, die flussaufwärts standen, das Bild halb Dunst, halb Wasser. Das Ufer war von Bambusbüscheln gesäumt, aus dem Sumpf sickerte kaltes Wasser durch die dunkle Erde in den Fluss. Die Rinnsale waren von Streifen hellgrüner Algen durchzogen. Noch bis vor kurzem hatten sich die Eintagsfliegen flussabwärts treiben lassen können, ohne gefressen zu werden.

In einem Seitenarm fing ich eine Forelle. Hier schob sich das Wasser in einem Tunnel durch die Rhododendren, wand sich wieder hügelauf, hielt inne, drehte erneut und rasselte dann plötzlich durch drei Gumpen hinab und zurück in den Hauptarm. Am Ende des mittleren Gumpens stieg das Wasser kurz aus dem Tunnel auf, und auf einem den Gumpen abschließenden Felsriff wuchs in der Sonne dichtes Moos. Direkt darüber war ein perfekter Standplatz für größere Fische.

Es war unmöglich, die Fliege von unterhalb zu werfen, ohne dass sie wieder aus dem Gumpen hinaustrieb. Ich versuchte es trotzdem, und gerade als meine Fliege eine Welle hinter sich herzog und schon über die Kante zu kippen drohte, sah ich einen Lichtblitz im Wasser. Den zweiten Wurf probierte ich vom Ufer aus sechs Metern Entfernung, quer zur Strömung, wobei ich meine Fliegenschnur über die Bambusstrünke und purpurnen Rhododendrenblüten ablegte. Die Forelle kehrte zurück und nahm die Fliege. Ein großer Fisch. Er hätte flussaufwärts schwimmen und die Schnur im Tunnel abreißen können, aber er blieb an seinem Lieblingsort und rüttelte mit dem Kopf, bis ich über ihm war und ihn auf die Felsen ziehen konnte. Dunkel wie Mahagoni, eine Linie rosafarbener Tupfer auf festem Blau, der Kiemendeckel in ein metallisches Grün auslaufend. Ich kannte diesen Fisch. Ich hatte ihn schon daheim in Glen Lyon, im East Lyn gefangen. Durch ihn wurde mir der fremde Ort vertraut.

Alles in allem fingen wir über vierzig Fische, am nächsten Tag sogar noch mehr. Den größten, schwarz und wütend, zogen wir aus einem Schlupfwinkel unter dem bröckligen, dicht von Rhododendren bestandenen Ufer.

Die letzten Nächte verbrachten wir in einer Pension am Rand des Dorfes, deren Zimmer allesamt in den oberen Stockwerken über den Viehställen lagen. Beim Abendessen kursierte das Gerücht, Karma habe mit einem der Küchenmädchen ausgehandelt, den Schlafsack zu teilen. Später ging ich ins Badehaus, weil ich mich dringend waschen musste. In der Badewanne liegend, den Kopf auf den Rand gestützt, sah ich durch eine Lücke im Dach die Sterne. Kencho war draußen und wendete in einem Feuer Steine. „Bist du bereit?“, rief er. „Roll rüber!“, sagte ich. Die Steine knackten und zischten, als sie ins Wasser plumpsten. Heiße Wirbel wallten zu mir herüber. Die Luft wurde von Dampf erfüllt. „Kencho!“, rief ich. „Das ist großartig!“

In der Wanne liegend lauschte ich den Hunden. Irgendwo in der Nähe hörte ich lautes Klopfen, dann ein

Knallen. „Ich bin nicht glücklich." Es war Karma. Kencho fing an zu lachen. „Du Idiot", sagte er. „Wozu brauchst du deine Zahnbürste?"

„Weiß nicht. Ich wollte sie einfach holen. Ich habe gesagt, ich bin in einer Minute wieder da. Jetzt will sie die Tür nicht aufmachen. Ich habe mir den Fuß eingeklemmt."

„Zu spät."

Am nächsten Morgen humpelte Karma zum Wagen, wollte aber nicht mit Ugyen fahren. Alle wussten, auch Ugyen war hinter dieser Tür gewesen. Er bereute nichts. Er war Dr. Looove.

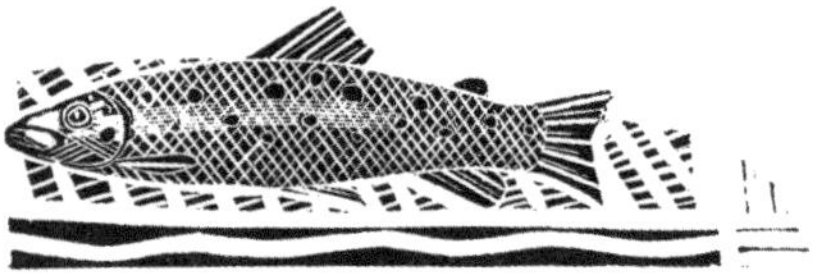

HIMMEL UND HÖLLE AUF DEM MIRAMICHI

„O Gott, wir werden alle sterben, und alles nur wegen einem lausigen Lachs."

Steve war ein langer Kerl, knochig, dürr. Er wirkte flatterig und warmherzig zugleich, eine merkwürdige Mischung. Willie, unser Anführer, war phlegmatisch und still. Steve ein Nervenbündel.

Die tiefe Stille über dem Cains River war in Nebel gehüllt. Für einen Moment hörte ich jede Kräuselung auf dem Wasser hinter uns, und Steves und Willies Atem. Wir betrachteten einen Tatzenabdruck im Sand – zu groß, um von einem Hund zu sein. Eine Bärin hatte hier mit ihren Jungen gespielt und mit ihren Krallen handtiefe Einkerbungen hinterlassen.

„Ja, Bär. Frischer Abdruck. Sand is noch feucht."

Willie wandte sich zum Fluss. „Das Wasser is'n Stück gefallen seitdem", sagte er, was er offenbar wichtiger fand als die Bärin. Steve und ich standen stockstarr über den

Abdruck gebeugt.

„Verdammt, der kann überall sein", sagte Steve. „Wahrscheinlich sitzt er irgendwo da hinten in den Büschen und seilt einen ab, während er sich überlegt, wen er als ersten abmurkst."

„Werden aufm Rückweg richtig Lärm veranstalten müssen", sagte Willie trocken.

Das war der Höhepunkt unseres Tages, der trotz der feurigen Farben und des sanft murmelnden Wassers auf seinem Weg zum Miramichi immer eintöniger geworden war. Wir hatten nichts gefangen; nichts gesehen. Ich rechnete aus, dass ich jeden Tag an die achthundertundvierzig Mal meine Schnur auswarf, und hätte es schon gern gesehen, wenn zumindest zwei Würfe auf Anklang stießen – auf irgendeine Form von Kontakt; einen Zug in der Schnur oder eine Verweigerung. Schon wenn eins der Ahornblätter, die jetzt die zurückweichenden Konturen der Wasserkante zu säumen begannen, meine Schnur gestreift hätte, hätte mein Herz ausgesetzt. Aber eintausendsechshundertundachtzig Würfe waren ins Leere gegangen. Ich hörte, wie Steves Schnur durch die feuchte Luft sauste; ein rhythmisches Zischeln, das angesichts der wilden Regellosigkeit, die wir zu fassen kriegen wollten, absurd geometrisch wirkte. Zum dritten Mal arbeitete er sich durch diesen Gumpen, während ich im Gras saß und hoffte, der Bär würde kommen. Ende des zweiten Tages.

Beim Fischen nach Atlantischem Lachs ist Optimismus dein Aufputschmittel. Zwölf oder gar vierundzwanzig Monate lang impfe ich ihn mir ein, versuche die letzte Tour zu vergessen oder die Erinnerung daran so sehr einschrumpfen zu lassen, dass nur noch die Spannung bleibt. Und so mache ich mich jedes Mal voller Hoffnung auf den Weg. Als ich Fredericton erreichte, stand die Sonne schon tief über den Bäumen und dem Fluss. Auf den Säulengängen und Veranden lag ein kupferner Schein. Ich fuhr die Küste entlang, durch das Stadtzentrum, vorbei an den schmucken Häusern, den Theatern mit den dorischen Säulen, an Gras und sauberen Bürgersteigen, um nach Norden in das dunkelnde Land aufzusteigen, in dem sich die Landstraße wie ein tiefer Wellengang auf hoher See auf und ab wälzte; ein fester, schwarzer Streifen Ozean zwischen den Bäumen mit ihren von der langen Dämmerung gedämpften Herbstfarben.

Ich suchte nach Schildern zum Miramichi. Im Radio sprach der Moderator mit einem Lehrer aus der Gegend.

„Die Schule ist abgebrannt?"

„Ja, und jetzt findet der gesamte Unterricht in der Feuerwehr oder in der Kirche statt", erklärte der Lehrer frohgemut. „Die Gemeinde hält zusammen."

„Und wie ich lese, haben Sie … Sie waren auf Elchjagd, als das Feuer ausbrach?" Dem Ton war nicht zu entnehmen, ob es in Ordnung oder fahrlässig war, Elche zu jagen, während die eigene Schule abbrannte.

Die Landstraße schien endlos, wie alle unbekannten Wege, und abgesehen vom Wellengang der Straße war die Gegend flach. Im abnehmenden Licht sah ich nach jedem Kilometer ein Schild mit einem Lachs, das wie eine Warnung wirkte, die Tiere nicht zu überfahren, wenn sie die Straße überqueren. Als ich an einer Tankstelle hielt, um nach dem Weg zu fragen, wusste der Tankwart sofort, wo Wades Lager ist. Im Regal standen zwei Reihen Bücher über Lachsfischen eingekeilt zwischen Eheberatung und Handarbeit.

Meinen Notizen entnahm ich, dass im Lager Dürre herrschte und jeder Gast mitbringen musste, was er trinken wollte. Ich fragte, wo das Bier stehe. Eine junge Frau, die gerade den Boden wischte, trat zur Seite und deutete nach hinten auf einen Kühlraum, groß wie ein Viehtransporter, in dem die Dosen bis unter die Decke gestapelt waren. Sie schloss die Tür hinter mir ab. Erst als ich an der Theke in der Kühlung bezahlt hatte, wurde ich wieder rausgelassen: Wer solche Sicherheitsvorkehrungen bemüht, muss Bierraubzüge ungeahnten Ausmaßes erlebt haben. Die andere Kasse dagegen schien unbewacht.

Draußen rauschten riesige Laster auf dem feuchtschwarzen Asphalt vorbei, bis das Rauschen in einiger Entfernung in hohles Rumpeln überging, als überquerten sie eine Brücke. Ich wollte mir den Fluss ansehen, für den ich so weit gereist war, um zu fischen, aber es war zu spät und zu dunkel. Daher nahm ich die beschriebene Abzweigung in eine Nebenstraße, die durch dichten Kiefernwald führte, und wich den Schlaglöchern aus, bis ich eine Lichtung erreichte.

Im schwachen Licht sah ich einige verschieden große Hütten. Ich lief im Dunkeln umher, öffnete Türen und rief hinein. Alle Hütten hatten eine Veranda, die mit Mückennetz verkleidet war, und das dürre Klappern, mit dem die Türen auf ihren knarzenden Federn zufielen, ließ mich an glubschäugige Psychos in Wohnwagensiedlungen denken, die ohne Hose im dreckigen Unterhemd am Türrahmen lehnen und mit den Händen Bohnen aus der Blechdose essen. Im Büro brannte Licht und es lief derselbe Radiosender, den ich im Auto gehört hatte – „Mary Lou grüßt Juicy Luke, sie vermisst ihn und hofft, dass er bald wieder nach Hause kommt.“ Eine Gruppe betrunkener Angler, die vor einem Bindestock sitzen, entdeckte ich nicht, und auch keinen, der mir sagen konnte, ob die Fische hier beißen.

Irgendwann fand mich George, der Geschäftsführer, an meinem Auto. Es seien schon alle schlafen gegangen, sagte er mir. Er brachte mich auf mein Zimmer, unter dessen Fenster übrigens direkt der Miramichi vorbeifließe, überprüfte das Warmwasser und ging seinerseits ins Bett. Es war gerade mal zehn Uhr. Da ich nicht schlafen konnte, setzte ich mich auf die Veranda und lauschte dem Fluss.

Als ich am nächsten Morgen den Vorhang beiseiteschob, sah ich ihn. Den Miramichi. Auf der Wasseroberfläche lag noch der Morgendunst, der die gespiegelten Farben vom gegenüberliegenden Ufer dämpfte. George kam in Turnschuhen und Jogginghose die Stufen der Bootsrampe herauf, machte auf dem Absatz kehrt und lief wieder hinunter. Ich zählte mit, bis er fünf Mal auf und ab gelaufen war, dann trat ich auf die Veranda. Ich hörte, wie er schnaufte und seine Schritte lauter wurden.

„Hiya", sagte George vor der nächsten Kehrtwende. Er schwitzte wie der Teufel. „Morgengymnastik. Muss fit bleiben."

„Gut, gut."

„Du bist bei Willie dabei. Das ist der Typ da drüben. Steve ist schon bei ihm." Er zeigte auf einen Mann, der am anderen Ufer auf einem Felsen saß. „Hey Willie!", schrie George und winkte Willie mit einer Armbewegung zu uns herüber. Dann drehte er sich wieder zu mir um. „Pack deine Sachen und komm."

„Kann ich mir noch einen Kaffee holen?"

„Wenn du dich beeilst. Er ist schon unterwegs."

Willie sprang in sein Boot und zog am Starterseil. Ich holte meine Rute und sah dem Boot entgegen, das die glatte Wasserfläche spaltete.

Wir waren hier am sogenannten „Run", einem unscheinbaren, aber offenbar berühmten Flussabschnitt am oberen Ende des Camps. Steve, schon hüfttief im Wasser, winkte vom anderen Ufer herüber. Ein Stück flussauf standen vier weitere Angler in einer Reihe, ihnen gegenüber noch einmal drei.

„Was sind das für Typen?" Ich nickte hinüber.

„Meist Ärzte im Ruhestand", sagte Willie. „Der Blackbrook Club."

„Blackbrook Club? Klingt wie eine Poppergang aus New York."

„Die fischen auf vielleicht dreihundert Metern." Er hob die Augenbraue. „Aber dreihundert Meter sind dreihundert Meter."

Ich blickte den Fluss hinauf. Für mich sahen beide Abschnitte völlig gleich aus. Zwanzig Minuten später gellte ein „Yep!" und einer der Ärzte holte einen Lachs an Land. Nach einer Stunde dasselbe. Der Fluss war nach dem Regen hoch und schlammig, unser Treiben zäh. Steve arbeitete sich vor mir fünfzig Meter das Ufer entlang, watete hinaus, setzte sich ein paar Minuten hin, um mit Willie zu plaudern, und ging flussaufwärts wieder hinein. Ich tat es ihm gleich. An diesem Morgen wechselten wir vielleicht sechs Mal untereinander die Position. Ein paar Fische rollten sich oder klatschten träge springend mit dem Bauch auf die stille Wasserfläche, wie um uns zu zeigen, dass es sie gab. Blackbrook verzeichnete noch zwei weitere Fänge, bevor wir zum Mittagessen ans andere Ufer fuhren. Ich sah den Fluss hinauf, wo ein älterer Herr gerade den fünften herausholte. Er sah mich und winkte. Ich winkte zurück. Dann rief er etwas, das ich nicht verstand.

Wieder im Camp, redeten wir darüber, ob der Fluss stieg oder fiel, klarer oder trüber wurde. Zwei Typen, die weiter unten am Fluss gefischt hatten, fragten uns hoffnungsvoll, wie wir, die wir womöglich sachkundiger waren als sie, die Aussichten einschätzten. Steve zuckte die Schultern und sah mich an. Ich antwortete, dass ich noch nie in Kanada geangelt habe und gehofft hätte, sie würden mir mehr darüber sagen können. Wir sahen durchs Fenster auf die Wasserkante. Einer der beiden meinte, es stehe jetzt wohl ein bisschen niedriger. „Immerhin, ein gutes Zeichen", sagte ich. „Ja?", fragte er. Er überlegte einen Moment, dann fügte er strahlend hinzu: „Ja, stimmt, ein gutes Zeichen." Er rannte runter zum Wasser, errichtete einen Steinhaufen und steckte einen Stock in den Schlamm. Während wir zu Mittag aßen, beobachteten wir Stock und Steine. Wenn sich der Fluss bewegte, dann nur sehr wenig. Irgendwann sagte jemand, in diesem Jahr hätte der Fischzähler hier eine Rekordzahl an Lachsen registriert.

„Na, dann holen wir uns jetzt mal ein paar davon", sagte Steve und stand auf.

Aber der Nachmittag war tot. Ich schoss ein paar Fotos von Steve, tief im Miramichi, der Fluss ein glatter Spiegel der dunklen Konturen des Waldes. Aber ich brauchte ein Bild von einem Fisch. Ohne Fisch keine Story. Da ich meiner Frau versprochen hatte, sie anzurufen, packte ich ein paar Minuten früher meine Sachen, um zum Camp zurückzugehen. Viel verpassen würde ich wohl nicht. Als Steve zum Abendessen kam, sagte er, er habe gleich nach meinem Aufbruch einen kleinen Lachs gefangen. „Aber hallo", sagte ich. „Wenn ich noch geblieben wäre, hättest du ihn sicher übersehen. Womit hast du ihn gefangen?" „Black Bear mit grünem Butt." Am nächsten Tag, am selben Ort wusste ich schon, welche Fliege Steve benutzen würde. Immer wenn sich vor George, einem Neuen, ein Fisch bewegte, rief er zu Steve: „Hey, hast du noch einen Black Bear mit grünem Butt?" Das sind so die kleinen Kleiderhaken der Hoffnung, an die man auf der Jagd nach Atlantischem Lachs sein Gewand hängt. Wir hatten schon vorher über Fliegenmuster gesprochen, und Steve, der Programmierer war, meinte nur: „Wenn dir die Leute sagen, mit der und der Fliege fängst du 80 Prozent der Fische, aber 80 Prozent aller Angler benutzen diese Fliege, was willst du dann erwarten?" Da hatte er Recht. Alle wissen es, alle verdrängen es. „Letztes Jahr habe ich alle meine Fänge mit einem Blue Charm gemacht“, fügte er nach einer Pause hinzu.

Nicht mal der Black Bear ging an diesem Morgen.

Als wir zu Mittag unsere Sachen packten, seufzte Steve: „Wenigstens haben wir’s versucht.“ Und meinte noch: „Zumindest ist das Wasser ein Stück gesunken. Jede Wette, wenn erst mal die Schotterbank da freiliegt, holen wir sie uns.“

Beim Mittagessen besserte sich die Stimmung langsam. An unserem Tisch saßen einige Experten. Bruce, einer von zwei Neuen, hatte schon einen Lachs gefangen. Er hatte blonde Haare und eine derart tiefe Stimme, dass alles, was er sagte, wie im Trailer für einen Kinofilm klang. Wenn er sprach, wackelte der Salzstreuer. Sein Kumpel John war ein Wirbelwind. Er kaute schnell und machte, ohne mit dem Kauen aufzuhören, schnelle professionelle Ansagen zum Zustand des Flusses und zum Lachsfischen allgemein. Ein Mann mit Witz und Leidenschaft – ein Macher aus der Verlagswelt.

Unwillkürlich, fast unmerklich begann sich die Dynamik der Gruppe zu verändern – diese Typen hatten nur Stunden nach ihrer Ankunft schon einen Fang gemacht. „Mit der Green Machine hab ich sie gekriegt“, sagte Bruce. Ich fragte John, welchen Anteil die Fliege habe und welchen der Standort, weil ich anscheinend immer am falschen Ort war.

„Fakt ist“, sagte John, während er sich eine Gabel mit Kartoffeln und Schinken in den Mund schaufelte, „das ist pure Mathematik. Je länger deine Fliege im Wasser ist, desto größer deine Chancen, einen Fisch zu fangen.“ Er blickte geradeaus auf die Feuerstelle: „Aber hey, wenn die hier abgehen, die reißen dir den Arsch auf, bis du zwei Löcher hast.“ Er schüttelte den Kopf und spießte die nächste Kartoffel auf, als könnte ihm genau das passieren und als müsste man dringend was dagegen unternehmen.

In einer Ecke lief lautlos der Fernseher, die Nachrichtensprecher mimten Wörter zu Bildern von Chaos und Zerstörung. Hurricane George war gerade der große Aufmacher, und ein Typ am Tisch bekam Angst um sein Haus.

„Lass mal an, ja?", sagte er. „Will nur sehen, ob er auf mein Haus zusteuert. Also, wo ich den Winter über bin, in Florida. Naples." Dem Klang seiner Stimme entnahm ich, dass wir beeindruckt sein sollten. Aber ich hatte noch nie von einem Ort namens Naples in Florida gehört, und die anderen Mittagesser verstreuten sich gerade in alle Winde.

Auch der Nachmittag war eine einzige Plackerei. Fünf Stunden fischte ich unermüdlich ohne Kontakt, bei Steve und George dasselbe. Wir hatten in diesem Fluss mit einer Leidenschaft begonnen, wie sie nur neue Gewässer hervorrufen können. Aber irgendwann ebbt die Leidenschaft halt ab. Willie sah uns vom Ufer aus zu wie ein Schuldirektor, der auf dem Pausenhof die Schüler beobachtet, und ich fühlte mich moralisch verpflichtet weiterzumachen, obwohl mich schon ein Gefühl von Vergeblichkeit beherrschte. Ich kannte es nur zu gut. Es setzt sich an die Stelle des Optimismus. Da klatschte am Ende des Pools unter uns ein Fisch ins Wasser. „Hör dir das an!", rief Steve. „Das Schicksal hat geläutet. Mein Schicksal. Der kommt flussaufwärts, den schnapp ich mir." Am späteren Nachmittag fanden wir dann den Bärenabdruck.

Am Abend erfuhren wir, dass Bruce noch zwei Lachse gefangen hatte, darunter einen Vierundzwanzigpfünder. Ich brauchte unbedingt ein Bild von einem Fisch. Wenn ich wenigstens einmal dabei wäre, wenn eins dieser mythischen Viecher gefangen wird, dann hätte ich meine Story. „Steve", sagte ich. „Tust du mir einen Gefallen und fängst auch einen?" „Ich bemühe mich", sagte Steve. „Ich bemühe mich." Bruce nahm unsere schwachbrüstigen Glückwünsche mit überzeugend eingeübter Bescheidenheit entgegen. Er meinte, er sei einfach nur zur richtigen Zeit am richtigen Ort gewesen. Anders gesagt: Ich weiß, was ich tue.

Während des Abendessens sprachen wir nur darüber, welche Fliegen man am besten benutzt. John hatte einige der Fische am Blackbrook gesehen; sie waren auf einem Muster gefangen worden, das für ihn wie ein Bärenschiss aussah. Er band ein paar Muster. „Und hat das Ding auch einen Namen?", fragte George. „Ja", sagte John, „Bear Turd." Bruce hatte alle Fische mit seiner Green Machine gefangen – eine Zigarre mit einem Körper aus Rehhaar, die ebenfalls wie ein Bärenschiss aussah, ein großer grüner. Johns Fliege war am Nachmittag von mehreren Fischen in Stücke gerissen worden, aber er hatte keinen von ihnen fangen können. Bald darauf stand er vom Tisch auf, um noch weitere Muster zu binden. „John ist echt nicht zum Entspannen hier", sagte Bruce. Dann verabschiedete auch er sich, um Muster zu binden.

Der Abend war zu Ende, noch bevor er richtig begonnen hatte. Die beiden Wirbelwindfischer hatten eine Atmosphäre inniger Professionalität in unser Camp geweht. Bald blieben nur noch Steve und ich, der Fernseher und der Typ mit dem Haus in Florida, der sich schon wieder Sorgen machte, ob sich der Sturm auch wirklich nicht auf sein Winterquartier in Naples, Florida, zubewegte. Ich musterte Steves Gesicht. Es zeigte keine Regung, als das Wort Naples fiel.

Ich brauchte dringend ein Bild von einem Lachs.

Am nächsten Morgen setzte ich mich nach dem Frühstück ins Auto und fuhr flussaufwärts. Ich musste ein paar Tage in einem anderen Camp fischen, und als ich den Wagen anließ, wirbelten vor dem Essenssaal die ersten Regentropfen Staub und Kiefernnadeln auf. Der Regen wurde immer stärker, bis die Tropfen von der Windschutzscheibe spritzten und sich das Wasser wie ein Film über die Straße schob.

Wilsons Camp lag weiter flussauf. Als ich es erreichte, war der Fluss schon angeschwollen. Man schickte mich auf einen schmalen, aufwärts führenden Weg durchs Tal, der sich erst am Fluss wieder absenkte. Von oben sah ich, wie das Kiesbett an einer flachen Stelle im dunklen Dunst versank. Der Fluss schien mir zugänglicher als bei Wade, verständlicher in seinen Ausmaßen, analysierbarer. Beruhigen konnte mich das nicht. Ich stand da, während mir der Regen von der Hutkante tropfte, und sah einem Angler mit seinem Guide zu, die sich durch einen Gumpen arbeiteten. Die Sinnlosigkeit ihres Unterfangens lähmte mich. Als ich meine Gefühlswallung bemerkte, wusste ich, dass der Moment gekommen war, der immer kommt, wenn ich nach Lachsen fische. Der Moment, in dem ich alle Hoffnung fahren lasse. Wo ich wie der Androide in Rutger Hauers *Blade Runner* intergalaktische Städte in Flammen aufgehen sehe. Die brutale Absurdität des Universums spüre. Aufwache und feststelle, dass ich ein Käfer bin. Der Guide winkte und watete zu mir herüber. „Hi, ich bin Tyler“, sagte er, als er auf meiner Höhe war. „Max beendet noch den Lauf hier, dann gehen wir zur Hütte, um auf der Veranda Mittag zu machen. Kannst gern dort auf uns warten.“

„Ist hier was zu holen?“, fragte ich. Aber ich kannte die Antwort schon.

Tyler atmete tief ein. „Schwierig“, sagte er. „Aber wir haben noch den Nachmittag. Paar sind schon da. Müssen halt nur nehmen.“

„Und der Pegel steigt. Ungünstig."

„Ach was. Ich hab auch schon aus steigenden Flüssen Fische rausgeholt."

„Kann sein", sagte ich. „Aber nicht heute. Die leise Wahrscheinlichkeit reicht mir nicht mehr. Ich brauche eine echte Chance. Ich brauche einen Lachs, der meine Seele rettet."

„Okay, Charles", sagte Tyler. „Du kannst aber nur einen fangen, wenn du die Schnur auch tatsächlich aufs Wasser legst."

Da war was dran; ermutigend war es nicht. Der weinerliche Brite. So einer hatte Tyler gerade noch gefehlt. Aber er ließ sich nichts anmerken. Dann kam Max zum Mittagessen, und Cam und Chick stapften von weiter oben herab. Sie nahmen die zähe Suche gelassener. Für sie gehörte sie einfach zum Lachsfischen dazu.

„Hey", sagte Cam. „Wenn du 'ne sichere Nummer schieben willst, dann geh in den Fischpuff." Auch da war was dran.

„Ja, klar. Ihr habt natürlich recht. Aber manchmal frag ich mich schon, was für ein Spiel diese Lachse mit mir spielen."

„Genau das ist der Punkt. Ich will auch wissen, was für ein Spiel wir hier spielen."

Wir aßen auf der Veranda ihrer Hütte mit Blick auf den Fluss und lauschten dem Regen, der aufs Dach trommelte. Ein Nebelschleier folgte den Windungen des Flusses, zu beiden Seiten durchbrochen vom gelben und kupfernen Herbst, bis er und mit ihm die Bäume in der blauen Ferne verschwanden.

Irgendwann während meines Aufenthalts griff doch noch ein Fisch nach meiner Fliege. Wenn die Zeit lang wird, stürzen sich die ansonsten zynischen Guides auf das kleinste Ereignis und bauschen es mit aller Hoffnung der

Welt auf. Ich rief den Fluss hinunter, dass ich einen Zug an der Schnur spürte. Tyler ließ Max stehen und kam zu mir.

„Hat einer gebissen, Charles?"

Jetzt war ich mir schon nicht mehr sicher. Es konnte auch irgendwas anderes sein. Ich schaute aufs Wasser. Es hätte der Felsen in der Flussmitte sein können, oder die Strömung hatte an der Schnur gezogen, oder die Fliege war gegen einen Holzstumpen geprallt.

„Keine Ahnung. Vielleicht. Ich weiß es nicht. Es gab einen Zug, aber ob das ein Fisch war?"

„Denke schon. Gibt hier einige, ist ein guter Standort."

„Ja, es könnte aber auch der Felsen gewesen sein."

„Ich vermute, es war ein Fisch, Charles. Bleib an der Stelle. Geh sie gründlich durch. Und vielleicht wechselst du zwischendurch mal die Fliege."

Ich tat wie geheißen. Lief das Ufer dreimal ab und fischte die Stelle systematisch ab, jedes Mal mit einer anderen Fliege. Es gab keinen Zug mehr, also war es wohl doch nicht der Felsen, aber deswegen auch noch lange kein Fisch. Es hätte ebenso gut ein Blatt sein können. Als ich zum Abendessen ins Camp zurückging, hatte ich offenbar eine hübsche Zeitlang mit einem dicken Fisch gespielt.

Am letzten Tag gesellten wir uns zum Mittagessen zu Cam und Chick an den Fluss. Cam lächelte verstohlen.

„Was ist los?", fragte ich. „Hast du einen gefangen?"

„Einen Lachs", nickte Cam.

„Wie groß?", fragte ich.

Cam schwieg. Er sah mich mit breitem Grinsen an.

„Knapp zweiunddreißig Pfund", sagte Chick.

„Wie heißt es so schön? Ein blindes Schwein findet auch mal eine Eichel. Diesmal war ich wohl dran."

„Ich fass es nicht", sagte ich. „Das ist ja ein Riesending. Zweiunddreißig Pfund? Wahnsinn! Glückwunsch. Zweiunddreißig Pfund. Ein fetter Lachs." Plötzlich fiel mir mein Foto wieder ein. „Oh, scheiße. Dass ihr uns nicht angefunkt habt. Ich brauche dringend ein Foto. Ich brauche unbedingt ein Bild von so einem Viech."

Nach dem Mittagessen legte ihr Guide im Auto ein Tape ein, das ich bestimmt lustig finden würde, meinte er. Es war der Flussführer-Song des Miramichi: „You should have been here last week". Du hättest letzte Woche hier sein sollen? Riesengag.

Bis zum letzten Tag fing ich keinen einzigen Fisch. Ich hatte schon aufgehört, überhaupt daran zu denken. Inzwischen war ich wieder in Wade, wo Steve und ich in unserem gewohnten Abschnitt fischten. Die Bäume stießen in den dünnen grauen Dunst, der hoch über dem Fluss lag und die Wipfel verschluckte. Weiter oben stellte sich schon wieder der Blackbrook Club auf, um seine geheiligten Ufermeter abzustecken. Die milde Luft trug jedes Wort zu uns herüber. Ab und zu hörten wir einen Freudenruf, ein Platschen, ein „Hey, Glückwunsch! Womit hast du ihn geholt?" Sie schienen dort oben im Dunst einen anderen Himmelsfleck zu bewohnen, während wir uns hier unten aus dem wenigen, was wir sahen oder hörten, zusammenreimen mussten, wie es im Miramichi-Himmel aussah.

Steve klatschte in Erwartung eines ereignisreichen Vormittags in die Hände. Seine Aufregung wirkte ein wenig gekünstelt, um die Aussicht auf drei weitere Stunden fruchtloser Würfe zu ertragen, zum Teil aber auch echt, neuer Tag, neues Glück.

Ich fing einen Grilse, als wäre es die leichteste Sache der Welt. Der Fisch kam aus dem Nichts. Er schwamm einfach in meinen fünftausendsten Wurf in den Miramichi, dass ich mir kurz vorkam wie der Jubiläumskunde beim Gebrauchtwagenhändler. Endlich hatte ich mein Bild.

Auch Steve schien sich für mich zu freuen, obwohl seine Würfe danach eine Zeitlang zielgerichteter wirkten. Ich entspannte mich und fing einen Lachs. Diesmal schickte Steve ein Stoßgebet in den Himmel.

„O Gott. O Gott! Es muss hier doch irgendeinen Lachs geben, dessen Sehkraft gerade nachlässt. Oder einen Crazy Louie. Ja Mann, alle sagen, Crazy Louie, der beißt überall an."

In Steves Seele saß noch sehr viel Hoffnung.

MÜCKEN-SPRAY AM ARSCH

Der Speisesaal des Hotels in Kuujjuaq hat eine große Fensterfront mit Blick auf den Ort. Ich konnte die gesamte Hauptstraße entlangsehen und in die Hinterhöfe der gestrichenen Holzhäuser – bunt verstreutes Spielzeug, grell auf harter Erde; ein Hemd und eine Jeans, im Wind flatternd; auf einer Terrasse zwei heile und ein zerlegtes Quad. Dahinter ein Stück graues Meer.

„Für mich geht nichts über die Twin Otter. Von wegen Kraft und Nutzlast. Die lässt dich nich' hängen."

„Okay, ist ein Argument. Nur, wenn du auch wieder hochkommen willst, dann brauchst du 'ne Single Otter. Das Baby zieht selbst bei Gegenwind problemlos dreißig Meter hoch. Und im Wind geht sie ab wie ein Hubschrauber."

„Das is'n Argument."

„Will nur sagen: Mit der Twin hast du einfach

dermaßen Stoff, dass du dich überhaupt nicht hetzen musst, wenn du sie raufholst."

Für ein paar Sekunden flaute das Gespräch ab. Die Gelegenheit für mich, etwas zu sagen; doch da mir nichts einfiel, kaute ich einfach weiter an meinem Schinken und meinen Pommes und sah aus dem Fenster. Vier Kerle – Steve A, Steve M, Kregg und Cliff – diskutierten darüber, welches Flugzeug in der Wildnis des hohen Nordens das beste wäre.

Während sie weiterredeten, überlegte ich, was ich fragen könnte.

„Womit gehen wir heute Nachmittag rein?"

„Twin, oder?", sagte Cliff und sah Steve A an, der nickte. Cliff verschränkte die Arme.

„Okay, Twin", sagte Kregg. „Meinetwegen. Was nicht heißt, dass es die bessere Maschine wäre."

Steve A begleitete uns auf dem Weg die Halbinsel Ungava hinauf zum Payne River. Es war die erste Woche der Saison, das Eis hatte gerade zu tauen begonnen. Kuujjuaq, ein Ort am obersten Rand der Baumgrenze, bot die einzige Rastmöglichkeit auf halber Strecke, und nördlich davon erstreckte sich meilenweit die leere, monotone Landschaft, die nur von Flüssen und Seen durchbrochen wurde. Kregg und Cliff betrieben in Kalifornien Outdoorläden. Steve M produzierte Videos, die er ans Kabelfernsehen verkaufte. „Hi, ich bin Steve", hatte er mich am Anfang unserer Reise in Montreal begrüßt. „Ich bin der Seesaibling-Master. Was ich über diesen Fisch nicht weiß, das braucht man nicht zu wissen."

„Das heißt, es gibt da oben welche?"

„Süße und salzige. Aber die Süßen sind nicht wie diese fetten Lahmärsche von sonst woher. Die Jungs hier können kämpfen." Steve redete, als würde permanent seine Kamera laufen.

In der Hütte am Flugfeld von Kuujjuaq traten wir von einem Fuß auf den anderen, hauten gegen den Getränkeautomaten, gingen im Turnus zum Pissoir. Ich las die Aushänge: ein Kanurennen mit anschließendem Grillen zum kanadischen Nationalfeiertag in Kuujjuaq, Teilnahmebeitrag fünf Dollar (Bier bitte selbst mitbringen); der Buchklub der alleinerziehenden Mütter trifft sich jeden Donnerstag um 19 Uhr im Gemeindehaus, Buch der Woche: *Paris Trout*; Depressionsberatung jeden Freitag zur selben Zeit. Einer der Männer ging raus zum Rauchen. Ich folgte ihm, um mir die Landschaft anzusehen. Hinter dem ölbefleckten staubigen Lager und den Treibstoffsilos oxidierten zwei Flugzeuge auf platten Reifen im Gebüsch. Der Typ zündete sich eine an. Er wedelte mit der Hand vor seinem Gesicht herum, warf die Kippe zu Boden und lief zurück ins Foyer.

„Scheiß Mücken“, sagte er, als er an mir vorbeiging.

Plötzlich hatte ich eine in der Nase und eine im Ohr. Kregg und Cliff lachten, als ich wieder reinkam.

„Krass, oder?“, sagte Kregg und lachte in sich hinein, dass seine schweren Schultern wippten.

„Killerbiester“, sagte ich.

„Allerdings“, erwiderte Kregg, der Ahnung von allem hatte. Mich identifizierte er sofort als englischen Warmduscher.

Ich kramte in meiner Tasche. Kregg sah zu. Dann nickte er Cliff zu und wies mit dem Daumen auf mich.

„Was' n das für' n Mädchengeruch?“, fragte Kregg.

„Mückenspray“, erwiderte ich.

„Stinkt wie Parfüm.“

„Mückenspray am Arsch“, fügte Cliff hinzu und hob das Kinn. „Hier geht nur DEET.“

Unser Flugzeug buckelte in den Aufwinden und flog unter einer Decke niedriger Wolken. Unter uns breitete sich eine einzige weite Fläche aus Wasser und Sumpf aus, wie ein auf dem Boden ausgelegtes Puzzle. In den Senken und an den Nordhängen stachen Flecken von Schnee aus einer Landschaft hervor, die gerade erst wieder zu erwachen begann.

Wir überflogen eine Karibuherde, die unter dem Lärm der Maschine auseinanderstob und durch den Fluss unter uns preschte. Als ich den Blick hinauf zu dem Hügel richtete, von dem die Karibus kamen, sah ich, dass sich die Migration bis zum Horizont erstreckte und die Tiere dort in einer amorphen Masse verschmolzen. Alle waren abgelenkt, selbst der Pilot. Plötzlich riss er das Flugzeug hoch. Wir landeten mit einem Aufprall, der quer durch den Rumpf hallte, dass der Höhenmesser kreischte. Das Flugzeug machte zwei Hüpfer, dann erst bremste es ab. Als wir zum Stehen kamen, nahm der Pilot die Kopfhörer ab und drehte sich zu uns um.

„Sorry, Leute. Das war die schlechteste Landung, die ich je fabriziert habe. Definitiv. Schlechter geht nicht."

Ich schälte meine Hände vom Vordersitz. Alle hatten sich an irgendetwas festgekrallt. Ein nervöses Lachen durchzuckte die Kabine. Ich sagte zu dem Typen vor mir: „Wenn's ein Mittelding zwischen Landung und Absturz gibt, dann war's das wohl gerade."

„Jede Landung ist eine kontrollierte Kollision", sagte einer der Otter-Experten.

„Wenn schon!", sagte ein anderer. „Selbst wenn dir bei der Landung die Füllung rausfliegt, die Maschine steckt so was weg."

Er hatte sich genauso in seinen Vordersitz gekrallt wie ich.

Wie ein Fluss bewegten sich die Karibus über den

Feldstein, auf dem wir gelandet waren. Einen guten Kilometer weiter, am gegenüberliegenden Ufer der Mündung, an der wir fischen würden, zogen die Tiere in Reihen über den Kamm zum Wasser hinab.

„Das sind Millionen Tiere", sagte Steve A. „Ich habe noch nie eine so große Herde gesehen."

Drei Tage lang lief ein ununterbrochener Strich von Karibus an unserem Lager vorbei, so viele, dass die Hochwassermarke an der Mündung von einer dunklen Linie Rentierhaar bedeckt war.

Es ist hart, wenn man nach so einer langen Reise darauf warten muss, fischen zu können, aber das Wasser ging gerade zurück und legte ein Riff frei. Wie Grabsteine ragten die Findlinge aus dem Feldsteinbett hervor. Bald schon hatte sich das Meer weit hinter die Felsen zurückgezogen.

Ich ging zur Hochwassermarke. Eine Gruppe Angler, die der Ebbe zuvorgekommen war, holte ihren Fang heraus. Der Guide säuberte die Fische auf einem Tisch, über den dunkles Blut floss, darin die aufblitzenden Fischschuppen, die fetten Seesaiblinge silber-grün schimmernd, in den aufgeschlitzten Bäuchen das purpurne Fleisch. Daneben ein Stapel pfannengroßer grüner Bachsaiblinge mit roten Flecken, und beinlange Seesaiblinge getarnt wie Panzer. Der Guide trug eine gelbe Öljacke und arbeitete flink mit groben Händen. Aus dem Mund hing ihm eine Zigarette. Er sah auf und nickte lächelnd. „Guter Fang", sagte ich. Er packte die Fische behutsam in eine Kiste, wischte sein Messer an einem Tuch ab und kippte einen Eimer Meerwasser über den Tisch. Wie eine Wasserscheide schob sich das verdünnte Rot in den Fluss und sammelte sich in einem Pool am Rand der Mündung; gebannt stand ich da, um diesem Fluss im Fluss hinterherzusehen. Dann schaute ich über die steinige Einöde und die Ebbetümpel und kam mir vor, als hätte ich den Weltraum durchquert. Ich ließ den Guide seine Arbeit machen und ging zurück, um zu sehen, welche Hütte mir zugewiesen worden war.

„Hier oder hier. Rest ist schon belegt", sagte Kregg.

Auf jedem der belegten Betten lag eine Baseballkappe auf dem Kopfkissen. Zwei weitere Betten standen beidseits des Propangasherds, mit dem wir unsere Holzhütte heizen würden. Ich entschied mich für das Bett, das näher an dem kleinen Fenster stand, weil ich dachte, in einem derart engen Quartier könnten Fürze vielleicht noch eine Rolle spielen.

Kregg stand vor seinem Bett und holte aus einer riesigen Reisetasche seine Ausrüstung.

„Ich nehm immer das Bett an der Tür", sagte er. „Kann bisschen stickig werden."

„Allerdings. Wobei du dann als Erster gefressen wirst, wenn die Bären kommen."

„Hier kommen keine Bären, solang du keine Lebensmittel lagerst", sagte er ernst. „Ach übrigens, kommst du klar mit Schnarchen? Wenn nicht, besorgst du dir mal lieber Ohrstöpsel. Cliff rüsselt sich ganz schön einen ab. War schon mit ihm unterwegs."

Cliff erschien an der Tür und füllte den Türrahmen. Er trug ein weißes T-Shirt, das stramm über seinem Bauch spannte, eine Tarnhose und 14-Loch-Stiefel.

„Komm jetzt, sag nicht, du kannst kein Schnarchen ab!"

„Doch doch. Kommt drauf an, wie laut."

„Verdammt laut", sagte Kregg. „Aber hey, hab mich dran gewöhnt. Inzwischen wache ich auf, wenn er nicht mehr schnarcht, weil ich denke, er wär tot."

„Wird schon gehen", sagte ich.

Es ging nicht. Cliff schnarchte wie eine vollbeladene Diesellok, die sich den Berg hochkämpft.

Steve C, ein Schriftsteller aus Montana, mit dem ich

mir in dieser Woche das Boot teilte, kam am nächsten Nachmittag an. Ich hielt gerade in der Hütte ein Nickerchen. Als Steve Cliffs Wecker im Regal sah, nahm er ihn heraus und hielt ihn sich ans Ohr.

„O Gott", sagte er. „Der tickt ja. Den muss er sich aber unters Kopfkissen stecken."

„Wenn du meinst, das Ticken würde dich am Einschlafen hindern", sagte ich, „dann irrst du dich."

„Sondern?"

„Das kriegst du bei dem Geschnarche überhaupt nicht mit."

Als Steve am nächsten Morgen in der Dämmerung aufwachte, sagte er: „Einschlafen war kein Problem, trotz Schnarchen. Aber ich habe von Frontalunfällen und Bombardements geträumt." Er drehte sich zu mir um und zog eine leidvolle Fratze. Cliff grinste. „Jungs, ich besorg euch Ohrenstöpsel", sagte er.

Junesie Kudluk war unser Guide. Er wartete in seinem Frachtkanu auf uns, während wir in der Esshütte noch hastig einen Kaffee schlürften, dann fuhr er uns zu einer kleinen Insel in der Mündung, setzte den Anker und machte eine Geste, dass wir die Ruten auswerfen sollen. Es war noch früh am Morgen, und bei Hochwasser fiel das erste Licht des Tages – wobei es hier oben nie richtig dunkel wurde – auf die schiefergrauen Felsen und die weißen Eisflecken jenseits der Mündung. Ein marmoriertes Wolkenmuster zog sich wie gekräuseltes Millimeterpapier zum Horizont und schrieb einen Fluchtpunkt in den Himmel; seltsamerweise blieb auf den kalten Felsen rundum eine Glasur aus tiefen Wolken liegen, die nicht weichen wollte. Junesie erzählte uns, dass es auf der Insel Gespenster gab, seitdem hier vor langer Zeit eine Verrückte ihr Baby ausgesetzt hatte und anschließend im Meer ertrank.

Ansonsten sagte Junesie wenig. Sein Englisch war

schlecht – unser Inuktitut noch schlechter –, aber die wichtigen Dinge wusste er uns doch mitzuteilen, „hier große Fische“ oder „da besser“. Es war schwer zu sagen, was ihn antrieb, jedenfalls wollte er immer als Erster an den Angelplätzen sein. Manchmal ließ er den anderen einen Vorsprung. Dann zog ein leichtes Lächeln über sein ledernes Gesicht, dass sich sein unpassender Diktatorenschnurrbart geradezurrte, während sein Boot an ihnen vorbeischoss und in der Ferne verschwand. Er hatte irgendwas an seinem Außenborder geschraubt.

Jäh verbeugte sich meine Fliegenrute, und der Griff der Rolle schlug mir gegen die Fingerknöchel. Mein erster Anschlag nach nur drei Würfen: Etwas hatte die Fliege voll im Lauf getroffen. Ich hielt die Rute in die Höhe und griff mit der linken Hand nach der Bremse der Rolle, um den abziehenden Fisch zu stoppen. Dreißig Meter hinterm Heck stieg er aus dem Wasser, ein heller Saibling, über einen halben Meter lang. Er drehte sich und schnitt tiefe Risse in die Oberfläche. Irgendwann wurde er müde, die Schnitte wurden flacher, bis er schließlich nur noch laff an der Bootkante an der Rute pochte. Ich beugte mich vor, um mit der Hand seine smaragdgrüne Flanke entlang bis zum Maul zu gleiten und den Haken zu entfernen, während er auf der Seite im Wasser lag, das farbenfrohste Wesen in einer trüben Landschaft.

„Für so was würde man um die halbe Welt fliegen“, sagte ich zu Steve, glücklich über meinen Fang, durch den ich diesen Ort nun auch endlich spüren konnte.

Später hakte Steve einen Fisch, der einfach weiter schwamm. Die Rolle hörte nicht auf, sich zu drehen, wurde nicht einmal langsamer, bis die Schnur fast schon den Spulenkern freilegte, sodass Steve hart zudrehen musste, um die Vorfachspitze abzureißen und wenigstens nicht die ganze Schnur zu verlieren. Den Fisch bekamen wir nicht zu Gesicht, wir hörten nur die singende Rolle und das knackende Nylon. Kurz darauf holte Steve einen Fisch von der Größe eines kleinen Hundes an Bord. Er hielt ihn hoch, um sich mit ihm fotografieren zu lassen, und schnitt im niederprasselnden Regen eine Grimasse. Der Fisch hatte einen derart großen Kiefer, dass er leicht ein Kind hätte verschlingen können. In die wogenden Wolken aus Seetang hinabsehend staunte ich, wie reich die Nahrungskette hier war, dass sie solche Kreaturen hervorbrachte. Seesaiblinge holen sich ihr Futter während nur weniger Monate im Salzwasser und werden fett, indem sie Lodden und Garnelen morden.

Man sollte beim Angeln nach wilden Fischen nicht selbstgefällig werden, aber irgendwann machten wir uns keine Gedanken mehr, ob wir welche fangen würden. Keiner dachte, unser Glück könnte reißen. Stattdessen suchten wir jetzt nach den Fünfzehnpfündern, von denen uns erzählt worden war. Einen vier Pfund schweren Saibling warfen wir direkt wieder ins Wasser und riefen ihm noch hinterher, was für ein hübscher Bursche er sei. Ich war nicht überrascht, nur hatte ich noch nie so etwas erlebt. Angler suchen immer nach dem Schwierigen, dem schwer Erreichbaren, was aber immer von der Situation abhängt; insofern werden Fische nicht nur in Zentimetern, sondern auf verschiedenste Weise gemessen. Hier aber gab es im Grunde kein anderes Maß; der Preis ging an den Längsten.

Steve und ich fingen mit der Fliege zwar weniger als die anderen – allesamt Spinnfischer –, holten jedoch trotzdem mehr Fische ins Boot, als wir zählen konnten, sodass wir bald durcheinanderkamen. Kregg und Cliff ärgerte das, wenn sie rüberriefen, wie viele wir gefangen hätten.

„Keine Ahnung“, riefen wir zurück, „vielleicht zwanzig?“

„Mhm. Ich hab zweienvierzig, Cliff achtendreißig.

Warte, neunendreißig."

Cliff beugte sich mit seinen breiten Schultern vor, fuhr mit dem Arm das Boot entlang und tauchte mit dem prügelnden Saibling an der Schnur wieder auf. Wenn Kregg Cliffs Fisch sah, warf er seinen Köder noch etwas schneller; fingen sie beide gleichzeitig einen, lachte Kregg zufrieden auf. Sie fischten in voller Tarnkleidung, obwohl wir in der arktischen Tundra saßen und die nächste natürliche Sprenkelung ein paar hundert Kilometer südlich von hier zu finden war.

Umgekehrt vermute ich, dass Kregg und Cliff uns für Schriftsteller hielten, die darauf beharrten, mit der Fliege zu fischen, weshalb sie uns mit leichtem Argwohn begegneten. Besonders mir, dem Briten mit der Wachsjacke. Steve C, der immerhin eine Tarnhose besaß, konnte das Eis etwas leichter brechen.

Während wir den Tag durch fischten, veränderte die Mündung unmerklich ihre Form. Stundenlang lag sie wie ein stiller breiter See vor uns. Doch dann lenkte die durchbrechende Sonne meine Aufmerksamkeit vom Wasser auf den unendlichen Strom von Fischen, und ich bemerkte, dass der See gesunken war und sich flussab eine gischtende Wasserkante auftat, die wir bei Hochwasser einfach überschifft hatten. Jetzt musste sich Junesie den Weg zwischen lastwagengroßen Findlingen suchen.

Eine Gruppe Fischer war schon an Land, die Boote an den wie Rückenwirbel ins Wasser ragenden Felsen vertäut. Alle Mann versammelten sich um ein Feuer, auf dem Kaffee brühte, und der Geruch von gebratenen Zwiebeln und frischem Fisch erinnerte uns daran, dass unser Frühstück Stunden zurücklag.

Steve M stand mit seinem Teller da und wartete auf das erste Stück Fisch aus der Pfanne.

„Für mich ist Seesaibling der beste Fisch überhaupt.

Vom Geschmack her unübertroffen." Er grinste und fror seine Pose ein. Doch sein Kameramann hatte die Szene verpasst, er lag flach ausgestreckt auf den Felsen, um sich trotz des kühlen Windes zu sonnen. Steve C und ich holten uns Kaffee und setzten uns, um dem Tarntandem zuzusehen, das am Heck des vertäuten Bootes fischte, bis die Filets fertig gebraten waren. Ab und zu hakte einer der beiden einen Fisch, worauf Kregg kicherte und „viernfünfzig" sagte, „fümmenfünfzig".

„Hey Jungs, warum zählt ihr mit?", rief Steve ihnen zu. „‚Guter Fang' reicht euch wohl nicht?"

„Problem ist", sagte Cliff, „wenn wir nicht zählen, glaubt uns keiner."

„Musst schon ne genaue Zahl ansagen", ergänzte Kregg. „Guter Fang heißt für den einen das, für den anderen das. Wir schreiben uns auf, wie viele und wie groß der längste ist."

Steve M setzte sich in unsere Nähe, den Teller hoch aufgetürmt mit Fischfilets und Zwiebeln.

„Ihr fischt mit Fliegen, oder? Geht das gut damit?"

„Ja, ganz okay."

„Kommt ihr damit tief genug? Weil hier", sagte er und zog einen merkwürdigen Köder aus der Tasche – eine mit Latex umwickelte Bleikugel, womit Franzosen Hämorrhoiden behandeln würden –, „das ist der ganz heiße Spund. Nicht wegen dem Muster, sondern weil du am Grund fischst."

„Wir kriegen sie auch oben", sagte ich.

Am Abend lag ich auf meinem Bett und lauschte dem Gespräch zwischen Steve C und dem Tarntandem über Tarnkleidung, während ich mit Kreggs neuem GPS-Gerät herumspielte und herauszufinden versuchte, wie weit weg ich von zu Hause war.

„Was ist euer Tipp?", fragte Steve.

„Ist ne Modefrage", sagte Cliff.

Kregg nickte. „Gerade fahren alle auf Unterholz-Look ab – zum Beispiel Shadowgrass. Letztes Jahr haben wir die meisten mit den Kollektionen von Advantage Wetlands und Break-Up geholt."

„Ja", sagte Steve. „Ich habe auch viele in der Diamondback-Kollektion gesehen."

„Auch gut", stimmte Cliff zu. „Bisschen effekthascherisch, aber praktikabel."

„Aha. Wegen dem verwaschenen Look? Damit's von weitem so leicht verschwommen aussieht? Das die Idee dahinter?"

„Yep."

„Okay. Erde an Mars", unterbrach ich die beiden. „Ich fass es nicht, ihr habt Modekollektionen für Tarnanzüge? Ist das euer Ernst?"

„Klar, Mann! Gibt sogar Leute, die in Tarnschlafanzügen pennen."

Ich gab auf, ich kriegte dieses GPS-Gerät nicht ans Laufen; ich wusste nur, ich war sehr, sehr weit weg von zu Hause.

An einem Morgen standen wir besonders früh auf, um auf dem Payne River landeinwärts zu fahren, so weit wir in zwei Stunden mit Junesies frisiertem Kanu kamen. Wie Grenzlinien zogen sich die Karibus über die Hänge, dass es aussah, als liefe Farbe von den Hügeln bis an die Wasserkante, und immer wieder kreuzten wir Flottillen von Tieren, die ans andere Ufer schwammen. Mit weit aufgerissenen Augen wirbelten sie im Wasser herum, wussten nicht wohin, bis wir sie passiert hatten und sie ihren Weg fortsetzen konnten: als würde man mit dem Finger durch eine Ameisenstraße fahren, worauf alle Ameisen wie Flipperkugeln wild in der Gegend herumflitschen, um die

Orientierung zurückzugewinnen.

Weiter im Binnenland ging es irgendwann leicht bergan. Junesie war ein guter Bootsmann und manövrierte uns mühelos durch den breiten Fluss, der gefährlich kraftvoll wie ein Lavastrom auf uns zuschoss. Mitten in einer langen Stromschnelle schlug Junesie plötzlich hart ein und stoppte das Boot am Ufer. In einem schmalen Spalt in den Felsen wirbelte das Wasser wie ein Taifun. Junesie nickte zu einem dunklen Kolk. Ich stand auf und warf die Fliege aus. Der weiße Streamer tauchte ins torfige Wasser, und sofort stieg ein Fisch vom Grund auf, öffnete den Mund, verschluckte ihn und drehte wieder nach unten ab, alles in einer einzigen langsamen Bewegung. Selbst als ich hart anschlug, änderte der Seesaibling kaum den Kurs, sondern schwamm einfach mit noch größerer Willenskraft zum Grund zurück. Er wog sieben Pfund und hatte einen Kopf wie ein Pitbull Terrier.

Hier oben ließ die Steigung wieder nach, und bis zum Horizont spannten sich die Pools, verbunden durch eine Kette schlangenhafter Stromschnellen. In einem Pool stieg Steve C aus dem Boot und holte an einer flachen bekiesten Stelle seine leichtere Fliegenrute hervor, um im schäumenden Wasser unterhalb von uns auf Bachsaiblinge zu gehen. Gleich beim ersten Wurf schmiss sich einer an den Streamer, und als Steve ihn hochholte, schnappte ein Seesaibling nach ihm. Am Haken wird der Bachsaibling zum lebenden Köder, Beute der riesigen Seebewohner, die durch die Felsbänke kreuzen. Manchmal hatten wir verstümmelte, zerfleischte Fische an der Leine.

Steve A fing einen großen Seesaibling und hielt ihn für ein Foto in die Höhe – prallrunder Bauch, Kopf und Schultern wuchtig und drall. Er hatte ein dummes, pummeliges Gesicht und erinnerte mich an einen Boxer, der durch seine sture Kraft nicht nur bedrohlich, sondern furchterregend wirkte, ein Kämpfer, der nicht weiß, wann er aufhören muss.

Weiter flussauf kamen wir zu einer Insel mit grünem Weideland, auf der es ein verfallenes Inuit-Dorf gab, dahinter eine Ansammlung von Wellblechhütten, die vielleicht ein, zwei Mal im Jahr von Anglern zum Übernachten genutzt wurden. Drinnen fanden wir einen Kessel und ein paar trockene Stöcke zum Feuermachen. Wir kochten am Fluss Wasser und beobachteten die Karibuherde, die sich immer noch das Tal hinaufschob. Eine Eingangstür war an der Oberkante angekratzt, das Wellblech von Krallenspuren verunstaltet.

„Muss wohl ein Bär nach Nahrung geschnüffelt haben", sagte Cliff. „Besser, wir schließen heute Abend ab."

„Ihr wollt hierbleiben?", fragte Steve C erwartungsvoll.

„Klar", sagte Kregg. „Wir bleiben hier, fischen am Abend und holen uns einen richtig großen Seesaibling."

„Morgen früh geht's wieder runter. Wir nutzen noch die Flut in der Mündung und sind morgen Abend zurück. Gerade holen wir jeden Tag an die hunnert Stück raus. Wenn's morgen gut läuft, kriegen wir auch die Marke noch geknackt, mit drei verschiedenen Arten."

„Ich hätte echt Lust gehabt, hierzubleiben", sagte ich zu Steve, als wir uns in den Pool abstießen, um flussabwärts zu fahren, „allein um eine Nacht ohne Schnarchen zu erleben."

„Vergiss es. Wenn sie dich mit ihrem Schnarchen weichgekocht haben, holt dich der Bär."

Auf dem Rückweg nahmen wir einen Karibuschädel an Bord. Wir hatten ihn schon auf dem Weg herauf am Ufer liegen sehen, ein kompletter Schädel mit riesigem Geweih. Er war moosüberzogen, feucht und roch nach Verwesung, weshalb ich mich geweigert hatte, einen ganzen Tag das Boot mit ihm zu teilen, wie gut er sich auch in

Steves Scheune oder auf seiner Harley-Davidson oder weiß der Teufel wo machen würde. Nach längerer verzweifelter Suche fanden wir ihn einen Meter unter Wasser – die Flut hatte ihn überspült –, und Steve holte ihn mit dem Netz ins Boot. Der grüne Modder lief quer übers Deck.

„Wie zum Teufel willst du den nach Montana kriegen?"

„In einer Tasche", sagte Steve, als gäbe es keine dümmere Frage auf der Welt.

Junesie verzog keine Miene – er hatte alles schon mal erlebt. Ich wechselte das Thema. „Die Tarnjungs mit ihrer Zählerei, schon komisch, oder? Ich finde Zählen ja Quatsch, und dann fischen die nicht mal mit der Fliege. Aber andersrum erwische ich mich, wie ich denke, hey, das ist unser zweiundzwanzigster Fisch heute, und er ist größer als der größte von denen."

„Gib's zu, Charles", sagte Steve. „Am liebsten würdest du diesen Bauerntrampeln den Arsch versohlen."

Die Mündung war stiller ohne Kregg und Cliff. Ihre Begeisterung hatte uns alle mitgerissen, jetzt fehlte sie uns. Es gab so viele Saiblinge, sie waren so leicht zu fangen, und trotzdem kriegte das Tarntandem nie genug. „Wir müssen uns irgendwas einfallen lassen, Steve", sagte ich nach ein paar Stunden. „Von den Felsen fischen oder so. Ich hätte nie gedacht, dass es mich irgendwann anödet, so viele Fische zu fangen."

Junesie fuhr uns zu einem Riff, dessen Felsen im abnehmenden Wasser trocken gefallen waren. Wir stiegen aus dem Boot und liefen. Hier schoss und kräuselte sich das Wasser auf seinem Weg über und neben den Felsen – das war schon eher ein Fluss als der monoton tiefe Mündungstrichter. Im Boot fühlt man sich oft beengt, und es ging mir gleich besser, als ich die Felsen unter den Füßen spürte und mich bewegen konnte. Aus reiner Neugierde entschied ich mich für ein Mausmuster mit Rehhaar.

„Hey Steve, schau mal! Fiep, fiep!"

Ich zupfte die Maus in kurzen schnellen Stößen heran. Sie zog eine Linie durchs Wasser, tauchte unter, ditschte wieder hoch, und mit jedem Zug wippte ihr Lederschwanz. Zu beiden Seiten brandeten Bugwellen auf und jagten der Maus nach, bis sie in einem Wirbel im Wasser verschwand. Pulsierend ging die Schnur von der Rolle. Endlich wurde sie langsamer und stoppte, als weit draußen ein großer Fisch mit dem Kopf gegen die Wasserfläche schleuderte.

„Verdammt noch mal! Hast du das gesehen?"

„Allerdings", sagte Steve. „Hast du noch mehr solche Mäuse?"

Gut gelaunt fischten Steve und ich in der Ebbe. Manchmal stürmten drei, vier oder gar fünf Fische zugleich auf den Köder zu, schnitten Gassen in den Fluss und trafen sich im aufwallenden Getümmel ihrer kochenden Wellen. Die Rute erbebte, und mit kreischender Rolle schoss die Schnur aus. Andere Boote kamen zu uns an die Felsen. Die Guides stellten sich nahebei und redeten leise, während wir den Fischen zujubelten. Ich bemerkte, dass wir immer höher wichen, weiter weg vom Riff, und als die Strömung abzuschwellen begann, wurde es auch bei uns ruhiger. Es war jetzt hell und still. Wir saßen auf den Felsen, schnipsten Steine und starrten abwesend in den Fluss.

„Was zum Teufel ist das?"

Steve erspähte als Erster die Wale: drei weiße Gestalten, die zwischen den Wellen und Spiegelungen verschwommen. Sie bewegten sich schnell, zogen um unsere Landzunge herum in die Bucht. Junesie und die anderen Guides Johnny und Noah hatten in einiger Entfernung auf den Felsen gesessen, geraucht und geredet. Jetzt sprangen sie auf, rannten los, schrien. Als Noah an mir vorbeilief, um am Ufer den Walen zu folgen, trat er auf meine Fliegenrute. Die Spitze brach ab, aber er blieb nicht stehen. Johnny und Junesie rannten zu ihren Booten, warfen die Ausrüstung über Bord, hoben die Bretter hoch. Junesie zog am Starterseil im Heck seines Bootes. Johnny sprang mit einem rostigen Gewehr Kaliber .303 auf. Das Boot bellte los und schnitt nach Noahs Anweisungen durch die Bucht. Als der kleinste Wal durch die Oberfläche stieß, gab Johnny zwei Schüsse ab, die durch die Bucht hallten. Der Wal tauchte unter, und dünne Blutschlieren flockten in den Fluss.

Irgendwer rief „Shit! Vorsicht, Querschläger!"

Johnny folgte dem Wal, der in unsere Richtung stieß und jeden Moment wieder hochkommen konnte. Wie betäubt von der wilden Jagd saßen wir auf unseren Felsen, doch als noch zwei Schüsse durch die Luft peitschten, suchten wir panisch Schutz hinter einem schmalen Felsvorsprung.

Als der Wal langsamer wurde, ließ Johnny das Gewehr sinken und stieß ihm beim nächsten Auftauchen tief die Harpune ins zähe Fleisch. Blut quoll ins klare Wasser, bis die ganze Bucht rosa gefärbt war.

Johnny band ein Seil um die Schwanzflosse des Wals und verknotete es, während Junesie in eine Lücke zwischen den Felsen fuhr. An der Flosse wuchteten sie den Wal über einen gewölbten Felsen und schlachteten ihn bis auf den letzten Knochen aus. Dabei redeten sie unablässig aufgeregt und kauten die zähen Fleischstücke, eine Delikatesse, die sie uns ebenfalls anboten.

„Finger weg", sagte Steve. „Davon kriegst du Dünnpfiff."

„Das ist unser erster Beluga dieses Jahr", sagte Johnny. „Das Jahr war schlecht, kein einziger Fang. Also ist das jetzt besonders gut."

Junesie trug sein Viertel davon und lächelte uns

im Vorbeigehen freundlich an. Während der Jagd auf diesen Wal, in diesen dreißig Minuten, in denen unsere Ausrüstung sie nur behinderte und wir für sie nicht mehr existierten, bekamen wir unseren Platz zugewiesen: als glückliche Gäste. Noah kam zu mir und entschuldigte sich, dass er meine Fliegenrute zertreten hatte. Kein Problem, sagte ich. Ich hätte einen Freund beim Hersteller, der sich immer seiner Garantien brüste. Dieser Ausnahmefall würde im Foyer an der Pinnwand landen.

Ich wollte noch mal von vorn anfangen: genauso viele Saiblinge fangen und sie wertschätzen. Für die Inuit waren Saiblinge zum Essen da. Die ganze Woche über hatte ich das Gefühl, was Junesie begreifen konnte, war die Handvoll Fische, die wir zum Mittagessen töteten und aßen. Bei all den anderen, die wir einfach wieder ins Wasser warfen – da fehlte ihm jedes Verständnis.

Später tauchte das Tarntandem aus dem abendlichen Dunst auf, Kregg aufrecht am Bug. Das Wasser war deutlich abgeebbt, sodass ihr Boot schon über den Grund kratzte.

„Wie ist es für euch gelaufen?“, fragte ich.

„Ne Menge Fische rausgeholt“, rief Kregg. „Richtig große Dinger. Cliff hat hunnertacht, ich hunnertzwölf. Und bei euch?“

„Oh. Auch so einige“, sagte Steve.

ÜBERDRUSS

Um in die Gänge zu kommen, musste ich zuallererst mit dieser Gerätschaft die Straße runterwaddeln, wie eine aufgeblähte Ente. Immerhin ist der Weg leicht abschüssig und führt von Jims Café über die Kreuzung direkt zum Fluss. Aber ich brauchte ein gutes Timing, um nicht abzusaufen. Sandwiches, Ködertasche und Wathose in die Packtasche gestopft, die Rute unter die Querstange geschoben, von Jims starkem Kaffee überdreht, machte ich mich auf den Weg ins Tal. Die Luft auf meiner Abfahrt roch nach Holzrauch, unter den Bäumen der Alleen, wo die Sonne noch nicht hinlangte, schwer und modrig. Ich erhaschte den Geruch von Äpfeln, Hühnern, trocknendem Mais. Die Bauern waren schon mit ihren Familien auf den Feldern und klaubten Fallobst auf. Hinter einer Scheune überraschte ich eine pinkelnde Frau. Als ich um die Ecke bog, sah sie ruckartig auf. Der Lärm des Zweitakters war offenbar von der Felsmauer geschluckt worden. Da sie, was sie tat, weder abbrechen noch würdevoll zu Ende bringen noch aufstehen konnte, lachte sie und winkte mir zu, und ich trötete an ihr vorbeipesend wie eine Zugpfeife und zog dabei an meiner imaginären Lokführerleine.

Der Tag hatte verheißungsvoll begonnen, was ich allein an der Farbe des Morgens ausmachte. Vielleicht lernt man als Angler auch, in jedem Tag eine neue Möglichkeit zu sehen. Inzwischen merkte ich jedoch, wie meine Zuversicht sank. Es war mein letzter Morgen, und als ich das Mofa an den Picknicktisch lehnte und mich setzte, um auf den Fluss zu schauen, spürte ich die Veränderung. Wie abwesend redete ich mir die Verheißung ein, aber in Wahrheit entrann mir alle Hoffnung wie einer abfließenden Badewanne. Die Dordogne und ich, wir kamen einfach nicht zusammen. Ich sah auf den Fluss und wartete auf eine steigende Forelle.

Eine Viertelstunde, nichts. Da kam ein dunkelhaariger Correzianer am Flussufer auf mich zu. Er trug Tarnkleidung unter einem Lederwams und hatte eine Schrotflinte und einen Patronengürtel umgehängt. Als er auf meiner Höhe war, sagte ich „Ça va?“, und er erwiderte „Ça va bien.“ Er blieb stehen, sah auf meine Schuhe, mein Mofa, bis er schließlich zu reden begann. Er stotterte in einem starken Dialekt – trieb mit genäselten Endungen die Wörter durch die Nase. Ich sah die langen Sätze aus seinem Mund schwallen, konnte aber nur einzelne Wörter aufschnappen, woraus ich erahnte, worum sich seine Ausführungen drehten; es ging um die Jagdsaison, zu wenige Vögel, Ärger mit der Regierung. Seine Augenbrauen zogen sich in der Mitte tief nach unten, dazwischen nur ein, zwei Daumen breit Platz. Seine Ohren standen wie die Griffe einer Kaffeetasse ab, das eine Auge saß zu weit links, das andere zu weit rechts. Er gestikulierte, reckte das Kinn nach vorn, wies aufs andere Ufer, griff mit den Händen in die Luft. Ich lächelte, als er plötzlich das Gewehr von der Schulter nahm und drei Patronen reinhämmerte, um aus der Hüfte auf die Bäume zu zielen. Ich dachte, du darfst ihm auf keinen Fall den Rücken zukehren. Ich wollte nur weg, aber es schien mir sicherer, zuzuhören und zu lächeln, während der Mann redete und redete. Ich stellte mir vor, wie meine blutüberströmte Leiche flussabwärts trieb, ein melonengroßes Loch im Rücken. Wie jetzt endlich der Schlupf begann, der Fluss von aufsteigenden Forellen gestippt, und ich mitten im Fluss mit dem Gesicht nach unten an ein Treibholz stieß.

Jim hatte mich gewarnt. Als er einmal durchs Dorf fuhr, kam ein Pferd die Straße raufgerannt, das von zwanzig Dorfbewohnern gejagt wurde – alte Frauen, Männer, Kinder. Jim hielt den Transporter an, sprang raus und packte das Tier am Halfter. Alle Dorfbewohner blieben stehen und sahen ihn an. Nach einiger Zeit schob die Gruppe einen kleinen Jungen vor, der zu Jim ging und schroff das Pferd an sich nahm. Jim stieg wieder in den Wagen und fuhr mitten durch die Menge davon. Er könnte schwören, dass sie das Pferd, sowie er außer Sichtweite war, wieder laufen ließen, um es weiter zu jagen. „Es war für sie das Ereignis des Jahres."

Jim lebt seit vielen Jahren hier, er hat sich in diese Gegend verliebt. Es sei *la France profonde*, sagt er immer. Die Menschen hier sind genau wie ihr Mais aus der dunklen Erde geboren. Mich interessierte aber auch der Fluss, der als breites Gewässer durch den Marktflecken Argentat floss, der Ort wie ein kubistisches Gemälde, die Gebäude aus dem Fels gehauen, verdichteter Stein, aus dem ein Kirchturm aufragte. Der Fluss war hundert Meter breit und dennoch vom einen bis zum anderen Ufer von Flutendem Hahnenfuß durchzogen. Ich war schon so oft hier gewesen, dass alle Tage zu einem einzigen verschwommen, aber der

Fluss hielt mich immer noch auf Abstand. Die hier lebten, schrieben ihm eine Persönlichkeit zu – er sei wie eine wunderschöne, launische Geliebte. Diesmal war ich allein gekommen, um es erneut mit ihr zu versuchen.

In Frankreich habe ich meine erste wilde Forelle gesehen. Ich kann sie fast noch greifen, habe noch ein klares Bild von ihr. Ich war mit meinen Eltern und deren Freunden im Urlaub und angelte mit deren Sohn Warren und dessen Freund Justin oder Julian. J kann Fische riechen, hatte Warren gesagt, er sei ein Angelgott, weil er eine Mitchell-Rolle besitze. In einem Hafen in der Bretagne fing er ein halbes Dutzend kleine Fische und grillte sie über dem offenen Feuer, aber sie schmeckten derart nach Kloake, dass ich nach dem ersten Bissen würgen musste. Die Bachforelle fing ich in einem steinigen Fluss, mit einer Pose in einer Stromschnelle, und ich erinnere mich, wie der Schwimmer untertauchte, der Fisch anbiss und aus dem Fluss stieg.

Von da an gehörten Frankreich und Forellen für mich zusammen, obwohl ich seitdem viele Male dort war und nur selten eine fing – die falsche Zeit im Jahr oder der falsche Ort. Während meines Studiums an der Kunstakademie fuhr ich drei Sommer lang mit Freunden mit dem Zug in den Süden. In den engen Waggon eingepfercht, streckten wir uns abwechselnd auf dem Boden aus, stopften uns mit *Baguettes Jambon-Beurre* voll und tranken Kaffee, dass uns die Adern in den Augen platzten, bis wir in Cahors aus dem Zug fielen und in die Sonne des Südens blinzelten. Wir wollten ein Sommercamp von Künstlern besuchen, um uns zwei Wochen lang Magen und Moral mit dunklem Wein und Zelt-Hopping zu verderben. Einmal stand unerwartet ein Londoner Taxi vor unserer Höhle im Wald, Freunde eines Freundes, die meisten langweilige Pseudo-Hippies –

und Juliet. Ich schwärmte für sie, und ich glaube, nicht aus reiner Geilheit. Ich las zu viel Yeats, hegte eine keltische Melancholie. Juliet hatte wunderschöne lange Haare und ein Gesicht wie in einem Gemälde. Sie war cool und sie konnte tanzen. Ich war jung und hatte die meiste wache Zeit einen Ständer. Deshalb stieg ich trotz besseren Wissens zu den Aussteigern in den Wagen, um eine Tour über die Hügel zu machen. Ich erinnere mich, dass wir in einer verlassenen Scheune Nudeln kochten und ich durch den Schleier eines Acht-Franc-Weins sah, wie einer dieser Pseudo-Aussteiger Juliet über die Haare strich. Plötzlich hatte ich keine Ahnung mehr, was ich hier wollte, und haute ab, lief durch den Wald zu einer Schlucht, an der ich an diesem Tag schon gewesen war; ich schnitt einen Zweig ab, befestigte eine Schnur und einen Haken daran, und fischte mit Käse in einem Becken mit riesigen Findlingen. Hoch über der Schlucht ratterte eine Eisenbahn über eine Steinbrücke, und ein paar Minuten später fing ich die zweite wilde Forelle, die ich in Frankreich gesehen habe.

Als ich Jahre später zum ersten Mal an die Dordogne kam, die leider gerade über die Ufer getreten war, landete ich irgendwann an einem nahegelegenen Wasserlauf, der durch eine Schlucht floss, und unter einer hochbogigen Eisenbahnbrücke fiel mir auf, dass ich schon einmal hier gewesen war.

Diesmal loderte kein Feuer in mir. Oder sagen wir ein sanfteres, abgesichertes – Vicky war in Jims Hotel. Ich war mit Jean-Pierre hergekommen, der einige Stammkunden begleitete. Wir fuhren von der überfluteten Dordogne auf die Ebene des Zentralmassivs hinauf und dann auf verschlungenen Wegen nach Süden, eine Schlucht hinab, die so tief war, dass unsere Ohren zweimal knackten, bis wir unten waren, während Jean-Pierres abgehalfterter Renault besorgniserregenden Bremsschwund offenbarte.

Anschließend ging es weiter, vorbei an der brutalistischen Betonarchitektur eines hydroelektrischen Staudamms, bis wir in den kühlen Wäldern den Wagen abstellten. Niemand hatte es eilig, an den Fluss zu kommen – als ich schon meine Wathose anhatte, sah ich, dass Jean-Pierre und seine Pariser Begleiter erst mal den Rotwein rausholten und dazu eine derart scharfe Knoblauchwurst, dass sie alle Ottern in die Flucht schlagen würde, vor denen man mich gewarnt hatte.

„La Cère est bonne, mais il y a beaucoup de vipers. Gardez", hatte mich noch am gleichen Tag ein mopedfahrender Einheimischer gewarnt, als wir eine Brücke 'runterschauten. „Bei Ottern drehen die Leute durch", sagte Jim später. „Völlig besessen. Sie mixen sich irgendwelche Impfstoffe, die gefährlicher sind als die Schlangen selbst. Jedes Jahr landen mehr Typen wegen einer falschen Impfung im Krankenhaus als wegen einem Schlangenbiss."

Wir lagen unter den Bäumen, ließen die Cère an uns vorbeirauschen, während Jean-Pierre die Wurst schnitt, auf Weißbrotstücke legte und herumreichte.

Wir stöberten in den Fliegendosen. Jean-Pierre sah die beiden Fliegentypen, die ich am Vortag in Argentat gekauft hatte. „C'est parfait." Eine hatte einen feurig braunen Hechelkranz. Die Hecheln besaßen einen einzigartigen Glanz, wie es ihn nur bei Vögeln aus dem Corrèze gibt, hatte der Verkäufer mir erklärt. Nimm einen Vogel mit in den Norden, und der Glanz vergeht – aber genau das zieht die Forellen an. Skeptisch hörte ich ihm zu, bewunderte die schönen Hecheln und kaufte ein paar von ihnen.

„Regardez." Jean-Pierre griff sich seine Rute und watete in den ersten Gumpen. „Comme ça … et ça." Er ließ die Rute in der Luft hin und her schwingen wie ein Dirigent, der einen langsamen Rhythmus vorgibt, den

Arm vollständig gestreckt, während ein gleichbleibend langes Stück Schnur von der Spitze baumelte. Der Fluss stürzte von einem kreisrunden Gumpen zum nächsten die Schlucht hinab, schlängelte sich zwischen Findlingen hindurch, die groß waren wie Autos. Jean-Pierre stieg nahe an einem Auslauf in einen Gumpen, warf die Leine mit eleganten Schwüngen hinein und hob sie dann behutsam an, um die Schnur vollständig über der Wasseroberfläche zu halten, sodass sich die bekranzte Trockenfliege langsamer flussabwärts bewegte als die Strömung. Nach ein paar Würfen zeigte die Rute nach unten und eine kleine Bachforelle sprang Tropfen aufsprühend aus dem Wasser. „C'est facile, non?"

Ich nickte und zuckte mit den Schultern. „Go, Charles, va attraper les truites." Er deutete flussaufwärts, und ich machte mich mit seinen beiden Schülern auf den Weg. Die unbarmherzige Sonne schnitt das Tal in zwei Hälften – meine Uferseite war dunkel und kalt, während die andere strahlend aufleuchtete. Das Sonnenlicht brandete von den Felsen und schmerzte in den Augen. Als ich ins Wasser glitt, spürte ich, wie ich von der Kälte umhüllt wurde. Der Fluss stürzte an riesigen Steinen vorbei in die Tiefe, und wo die Sonne das Wasser erfasste, funkelte es hellauf. Am oberen Ende des Laufs ragte die Eisenbahnbrücke auf.

Ich schnippte meine Schnur in den ersten Gumpen und hob die Rute, wie Jean-Pierre es mir gezeigt hatte. Als sich eine Forelle unter meiner Trockenfliege drehte, sah ich einen kupferfarbenen Schimmer, im nächsten Gumpen wieder, nur straffte sich die Leine diesmal sofort und eine kleine Forelle zischte durchs Wasser.

Während ich mich den Flusslauf hinaufarbeitete, kam ich mir vor wie in einem langen Korridor, von dem ich links und rechts hinter die Türen schaute und helle Gestalten ins Licht lockte. Zwar fing ich nur kleine

Forellen, aber Jean-Pierre versicherte mir, dass es auch noch größere gab. Inzwischen fischte ich unter der Brücke und fand den Stein, auf dem ich vor Jahren gesessen hatte. Dort blieb ich eine Weile sitzen, schaute auf die Strömung in der Flussmitte und dachte daran, wie das Wasser seit jenem Tag bis heute dort vorbeigeflossen war und noch Tausende Jahre weiter vorbeifließen würde. Ich stellte mir vor, wie ich selbst in der Flussmitte ins Wasser tauchte und mich in einen Felsen verwandelte; wie die Zeit zu diesem Fluss wurde, sich kräuselnd an mir vorbeizog, sich wieder beruhigte, vielleicht ein paar Verwirbelungen aufwarf, die bald von den Wirbeln anderer Felsen überlagert wurden, und dann sah ich, wie der Fels versank und sich das Wasser darüberlegte und wieder schloss, als hätte es ihn nie gegeben.

Über mir ratterte ein Zug vorbei, ich lief weiter flussauf und fischte auf Forellen, bis keine Sonne mehr auf dem Wasser stand. Jean-Pierre und seine beiden Kunden saßen am Ufer und tranken den Wein aus, den wir mittags aufgemacht hatten. Ich fragte ihn, wie die Chancen stünden, am nächsten Tag in der Dordogne zu fischen. Jean-Pierre zuckte die Schultern. „Die Dordogne ist eine böse Frau. Sie hat keinen Benimm."

Ich fand einen kleinen Wasserlauf, La Doustre, wo ich mit Vicky und unserem kleinen Sohn Patrick picknickte. Wir fuhren auf gut Glück hinab ins Tal, nahmen irgendeine Hintergasse, die aus Argentat führte, folgten ihr durch eine schmale Aue und einen steil bewaldeten Hang hinauf, bis die Landstraße jäh abfiel und ins Sonnenlicht tauchte. Gleich darauf querten wir eine Brücke, und ich sprang raus, um Ausschau zu halten. In einem Gumpen flussabwärts sah ich eine Forelle, deren dunkler Rücken in der durch die Bäume blitzenden Sonne aufleuchtete. Eine einspurige Straße führte den Fluss entlang durch kleine

Dörfer und Gehöfte, ehe sie wieder anstieg und über den Hügelkamm auf das leere weite Plateau des Zentralmassivs führte. Ein Ziel hatte sie nicht.

Das enge Tal war eingezwängt zwischen steilen, bewaldeten Hügeln und weißen, moosbefleckten Felsnasen. Der Fluss schlängelte sich in leichten Kurven hindurch, plätscherte unter Pappeln und Weiden in lange, ruhige Gumpen. Selbst zu Mittag war es still wie zur Dämmerung. Patrick rief etwas von Treckern im Wald, ab und zu bellte ein Hund oder tuckerte auf der Straße eine alte Ente vorbei. Auf dem Wasser schnappten Libellen groß wie Spielflugzeuge nach den paar hellen Olivfarbenen, die gerade schlüpften, und am Rand jagten Tausende Rückenschwimmer über die Oberfläche. Gelegentlich spritzte Wasser auf und einer von ihnen verschwand.

Ich zog eine kleine Köcherfliege durch die Flottillen und fing fette Forellen mit kohlenschwarzen Flecken. Ein alter Fisch mit einem breiten Kopf hatte einen Laichhaken. Die Forellen standen zu dicht, um bei den langen Wintern in diesem kleinen Wasserlauf richtig groß zu werden, aber dieser Alte hatte sicher acht oder zehn solcher Winter erlebt.

So ging die Woche dahin, beschränkt auf die Nebenflüsse rund um Argentat, und jeden Abend flanierten wir über den Quai, saßen an der Dordogne und sahen auf den Fluss. Mit strammem Tempo floss sie an uns vorbei, zwei bis drei Armlängen über ihrem Sommerspiegel und kalt wie das All. Wir mussten aufbrechen, noch bevor mich die böse Dame in ihre Nähe ließ. Es lag wohl an der Jahreszeit, sagten wir uns. Vielleicht war es noch zu früh. Der Herbst eignete sich vermutlich besser als der Frühling.

Der Zug von Brive nach Tulle ist eine Diesellok mit einem Waggon. Sie fuhr in den Bahnhof von Brive ein wie ein riesiger, tiefschürfender Darmwind. Ich wuchtete meinen Rucksack von der Wartebank, nahm das metallene Rutentransportrohr, das seit meiner Abreise in London skeptisch beäugt wurde, und stieg ein.

Ich schlug die Zeitschrift auf, die ich mir in Paris besorgt hatte – die Septemberausgabe von *Pêche Mouche*. Auf dem Titelblatt stand: „Dordogne, La Rivière Espérance“, und ich versuchte, die ersten Zeilen zu übersetzen. „Unvorhersehbar, unfischbar nennt sie der alte Flusswart. Die vielen Angler, die von weither kommen, können ihre Enttäuschung nicht verbergen. Könnte es sein, dass dieser widerspenstige Fluss gerade deshalb eine so große Faszination ausübt, weil er so schwer zu beherrschen ist? Er ist wahrhaftig der Fluss der Hoffnung.“ Ich fuhr in den Süden, um ihn mir noch einmal anzusehen.

Der Waggon war voll, nur die acht als *première classe* titulierten Plätze zu meiner Linken waren noch frei, weshalb ich mich dort niederließ. Eine breite braunhäutige Dame in schwarzem Kleid pellte gerade ein gekochtes Ei für ihren dürren Ehemann, der dem Vorgang aufmerksam folgte. Als ich mich setzte, hielt sie inne. Der Blick des Mannes wanderte vom Ei zu seiner Frau, dann zu mir. Sie flüsterte ihm etwas zu, er schüttelte den Kopf. Die Sitze waren allesamt dieselben, und ich fragte mich, wozu eine Republik eine erste Klasse brauchte. Der Zug fuhr aus dem Bahnhof und machte sich an den langen Aufstieg nach Tulle, wobei der Wind den Dieselrauch in den heißen Waggon wehte. Ich stand auf und öffnete ein Fenster. Das Tal war gerade breit genug für eine Straße, den Fluss und die Bahngleise, und bei den besonders steilen Abschnitten wurde der Zug so langsam, dass ich in den Gumpen Fische steigen sah.

Vor dem Bahnhof von Tulle wurde ich von Jim erwartet. „Ça va, mon brave?“, rief er mir aus seinem

Renault-Transporter zu. Vor Jahren hatte Jim ein kleines Hotel am Ufer eines Forellenflusses gekauft, gut einen Kilometer außerhalb von Argentat. Auf dem Fluss gibt es einen Ponton, auf dem man sitzen und ein Bier trinken kann, und die Terrasse des Hotels ist von Blauregen überhangen. Auf der gegenüberliegenden Seite der Brücke, an der das Hotel steht, parken die Angler und Jäger der Gegend, um sich zu treffen, zu plaudern und gelegentlich auf einen Kaffee zu Jim rüberzuschlendern. Wenn ich sagen würde, Jim und Fi sind einheimisch gewordene Engländer, hätten sie sicher nichts dagegen einzuwenden. Ihre unkomplizierte Art weckt in mir sofort den Gedanken, herzuziehen und mir mein Teil Ruhe und Sonne zu holen.

Jim brachte das Gespräch auf Bernard, den Präsidenten des hiesigen Fliegenfischervereins. Er sei ein guter Typ, still und bescheiden. Bevor er zu uns kam, sollten wir rasch rüberflitzen, um mir eine Angelerlaubnis zu besorgen. An diesem Samstagvormittag saßen an allen Tischen in Maries Café junge Männer, die wie ich auf Äschenjagd gehen wollten. „Ça va?", sagte Marie und gab erst Jim, dann mir die Hand. „Un permit de pêche", sagte Jim, worauf sich Marie die Hände abtrocknete und aus einer Schublade unterm Tresen die Formulare hervorholte.

Vor Maries Café führt eine einspurige Straße hoch über dem Wasser über den Pont Monceaux. Der Fluss ist hier an die hundert Meter breit. Hinter einem Brückenpfeiler schwirrten Forellen und Äschen herum, wiegten sich von einer Seite zur anderen, um die Nymphen zu fressen, die sich vom Schotterrand unterm Bogen zurückzogen. Ich versuchte rauszufinden, wie ich meine Leine auswerfen konnte, doch nachdem ich die Flusstiefe und die verschiedenen Winkel unter die Lupe genommen hatte, musste ich einsehen, dass es nicht ging. Ein gutes Sinnbild für die Dordogne. Sie war eigentlich zu groß für einen Forellenfluss, aber aus irgendeinem Grund gab es trotzdem welche. In einzelnen Details vielleicht noch zu verstehen, blieb sie im Ganzen unnahbar.

Nachdem wir in Bernards Wagen gestiegen waren, gelang es uns, ausschließlich über das Wetter zu reden. Kurz darauf hielten wir hinter ein paar Neubauten an einer Landstraße, die durch ein Feld gezogen worden war, um eine neue Siedlung zu errichten. Wir montierten unsere Fliegenruten und schlüpften unter einem Stacheldrahtzaun in den Wald, der das Flussufer säumte. Dann wateten wir zu einer Insel, wo Bernard seine Rute gegen einen Weidenbusch lehnte und zwei helle Trockenfliegen ans Vorfach knüpfte. Ich sah ihm dabei zu, doch als er bemerkte, dass ich schon bereit war, gab er mir zu verstehen, ich könne gern loslegen. Also watete ich in den Fluss und verfiel in die Details des Fliegenfischens, betrachtete die Strömung, ließ die kleinen Soft-Hackle-Fliegen dahintreiben, hob die Rute zweimal kurz an und warf sie wieder aus. Ich zergliederte den Lauf in einzelne Abschnitte, um seine Besonderheiten auszumachen und dadurch den Fluss vielleicht besser zu verstehen. Es begann zu regnen. Ich sah flussauf zu Bernard, der sich die Kappe ins Gesicht gezogen hatte und leicht gebeugt im Niesel stand. Bäusche weißen Rauchs standen vor den Bäumen.

Nach einiger Zeit watete ich flussaufwärts, vorbei an Bernard, der aufsah und mit den Schultern zuckte. Eine Forelle stieg kurz, eine einzige Drehung, die sich nicht wiederholte. Ich warf aus, aber die Strömung war schwierig. Nichts. Zehn Minuten später sah ich flussauf eine weitere Forelle. Ich wartete, aber sie kam nicht wieder. Irgendwann tippte mir Bernard auf die Schulter. Er müsse los, häusliche Pflichten. Ich sagte ihm, dass ich noch bleiben wolle, aber es passierte weiterhin nichts, und nach einer Stunde begann die Sonne durch den Dunst zu bohren.

Inzwischen war es heiß, und nach den wenigen steigenden Forellen kamen keine weiteren. Ich ging zu Maries Café, aß ein Sandwich, trank ein kaltes Bier und überquerte die Brücke, um zu Jims Standort weiter oben am Fluss zurückzulaufen. Durch die Pappeln am Ufer erspähte ich einige Fischer, die zu sechst in einer Reihe standen. Ich setzte mich ans grasbewachsene Ufer unter den Pappeln und schaute mich um, lauschte, wie der Fluss sich um die watenden Angler schälte, das von den Bäumen fallende Laub aufs Wasser raschelte, die Fischer „merde" riefen. In einer Stunde fingen sie nichts, und die Sonne presste jetzt mit ganzer Kraft in die Niederung, bis alles schlief.

Ich saß an einem Tisch unterm Blauregen und plauderte mit Jim, als Bernard noch einmal vorbeikam. Ich zog die Schultern hoch, wo er denn hinwolle?, worauf Bernard den Fluss hinabdeutete. Wir fuhren schweigend, bis sich die Landschaft wandelte, nahmen verschiedenste Feldwege quer durch die Äcker, wendeten am Fluss und fuhren durch unsere eigene Staubwolke wieder zurück, suchten die Niederung auf und ab, um eine bestimmte Stelle zu finden, bis mir aufging, dass Bernard keine Ahnung hatte, wohin er fuhr. Schließlich stellte er den Wagen auf einem Feld ab. Hier lag der Fluss hinter Pappeln verborgen, und das Steigen der Fische sah aus, als tropfte Wasser von den überhängenden Zweigen. Voller Hoffnung watete ich hinein und warf meine Schnur auf die verendenden Ringe eines Steigens. Die Wasseroberfläche blieb glatt, und obwohl ich wartete und wartete, bewegte sich nichts mehr. Dann sah ich ein paar Meter flussaufwärts einen Ring und schob mich langsam durch die starke Strömung dorthin. Erneut geschah nichts. Wieder und wieder sah ich Fische steigen, immer außer Reichweite, immer an jeder Stelle nur einmal. Während ich vom einen zum nächsten Ring watete, kam mir ein Bild in den Sinn, Sisyphus, der im Fluss steht und seinen Felsen einen Tag lang gegen eine Rute eingetauscht hat, und obwohl er zugeben muss, dass die Götter Humor haben, ist es leider nicht seine Art von Humor.

Die Tage mit Bernard trieben dahin, das Steigen wenn überhaupt flussauf, immer nur einmal.

Am fünften Tag begegnete ich dem Mann mit der Flinte. Er ging gerade wieder in den Wald zurück; ich winkte ihm zu und rief „Bonne chance!", und als ich mich noch einmal zu ihm umdrehte, sah ich ihn die Aue hinterm Wäldchen hinaufgehen und in der Ferne verschwinden.

Ich sah wieder auf den Fluss, und plötzlich hasste ich ihn. Weiter unten, dachte ich, weiter unten muss ein Schlupf sein, aber inzwischen war ich es gewohnt, Schatten zu jagen, weshalb ich ohne rechte Überzeugung das Moped ankurbelte. Ich fuhr Richtung Süden, nach Beaulieu, einen Hügel hinauf, bog nach rechts auf eine Ebene mit Maisfeldern, die Straße schnurgerade wie eine Eisenbahnlinie. Vor mir stach über den Hügeln die Sonne durch dunkle Wolken, ein Regenschleier blies über die Ebene, und silbern stoben die Tropfen auf, die von der Sonne erfasst wurden.

Auf dem Campingplatz von Beaulieu schlug der Sturm die Kanten vom Sommer. Im Wind wirbelnde Blätter, auf dem Parkplatz Wasserlachen, der Geruch des Regens auf dem trockenen Boden wie hartes Brot.

Ein Mühlbach führte am Campingplatz entlang, ich blieb bei einem Steg stehen, der zu einem kleinen Park hinüberführte, und stützte mich auf das Geländer. Auf der anderen Seite der Straße hustete ein kleiner Trecker

Rauch in die feuchte Luft, und der Bauer, der durch seinen Obstgarten fuhr, winkte mir zu. Eine alte Dame führte ihren weißen Pudel über die Brücke und blieb wie ich stehen, um den Bach zu betrachten. Sie fragte mich, ob ich etwas gefangen hätte, ich sagte Nein. Kommt schon noch, sagte sie; ich lächelte und schaute ins Wasser.

Direkt unter der Brücke lag ein Gewirr herabgefallener Äste und Zweige im Bach, und darunter stand wie ein weißer Schatten die größte Äsche, die ich je gesehen hatte. Als ich wieder aufsah, war die Dame mit dem Hündchen bereits gegangen und umkurvte flink die Pfützen auf dem Asphaltweg. Der weiße Schatten wiegte sich leicht in der Strömung, die dunklen Äste brachen seine Konturen wie eine Kriegsschifftarnung, das Gesicht der Abguss einer prähistorischen Form. Unangreifbar stand der Fisch in seiner untergegangenen Festung, aber er war da, und das war die Hauptsache. Der Mühlbach hatte sich ein petrischalengroßes Stück von der Dordogne abgeschnitten – groß genug, dass ich es von Nahem sah und sein Geheimnis begriff.

Hinter der Hecke fegte der Bademeister gerade Blätter und Wasser von den Kacheln und pfiff dabei eine Melodie, die schwach und melancholisch aus dem Radio auf dem Boden des Schwimmbeckens kam. Die Atmosphäre war wehmütig, voller Sehnsucht und Entbehrung. Ich schob mein Rad zu einer Bank, wo ich lange Zeit mit Blick auf den Fluss saß, der hier nach einer Stromschnelle glatt weiterfloss und am anderen Ufer einen Felssaum befingerte, ich lauschte der Musik und den Blättern im Wind und den zischenden Druckluftbremsen der Steinbruchlaster, die vom Hügel herab in den Ort fuhren, und ich wusste, ich hatte verloren.

Ich stand auf, um zu gehen, als eine riesige Forelle weit draußen im Lauf an die Oberfläche stieß, den Kopf rausstreckte, das Maul öffnete und sich schwanzschlagend herumdrehte. Ich hatte wegen des Regens meine Wathose angezogen und stieg instinktiv ins Wasser, um mit meiner Rute in der Hand auf die Stelle zu sehen, wo sie gestiegen war, zu weit weg, um zu werfen und auf das Steigen zu warten, das wieder ausbleiben würde. Dann, mitten im Fluss, die Beine vom kalten Wasser gestreichelt, spürte ich, wie der Regen einsetzte. Wie er auf mich herabtrommelte. Da wurde mir gewahr, dass ich hier, mitten im Fluss, auf eine Forelle wartend, immer noch den Sturzhelm auf dem Kopf hatte.

LONDONER FORELLEN

Der Kanal wogte außer Sicht. Er bewegte sich in pulsartigen, kaum wahrnehmbaren Schüben, wobei sich mit jedem Schub eine Schicht der Oberfläche neigte und Splitter von Himmel reflektierte. Der Himmel wie dreckiger Stahl. Zwischen dem Kanal und den Gebäuden ein Maschendrahtzaun, verrostet, stellenweise eingerissen, Bäume schwarz vor Ruß. Ein Pärchen entfernte sich von mir. Sie in grünem Mantel, er im Anzug. Ein älterer Mann mit glänzend weißem Haar kam mir entgegen. Ein Jogger rannte über mir über die Fußgängerbrücke. Unter den Rufen tropischer Vögel machte ich mich auf den Weg.

An der ersten Brücke fegte ein Mann den Treidelpfad. Auf der Mauer stand zu lesen, Jane würde es allen besorgen. Ich fragte den Mann, ob er manchmal Angler auf dem Kanal sehe, und er sagte Ja, ab und zu. Am anderen Ufer beugte sich ein von Pfählen und Trossen gehaltener Käfig übers Wasser. Drinnen saßen helle Vögel, draußen Männer mit Camcordern und Frauen mit blauen Haaren.

Hinter der nächsten Ecke erblickte ich Kevin. Er saß auf der anderen Seite in einem Regiestuhl aus Segeltuch. Neben ihm eine Flasche 7Up und zwei lange Angelruten, die sich über das Wasser beugten. An jeder Spitze ein roter Punkt. Ich blieb eine Weile stehen und sah zu, wie er einen winzigen Barsch herausholte, den er mit einem Tuch hielt. Nachdem wir uns einige Minuten unterhalten hatten, überquerte ich die Autobrücke, kletterte hinter ihm über einen Zaun und schlidderte eine steile matschige Böschung hinunter, bis ich neben ihm auf dem dünnen Betonstreifen stand.

„Wirst Augen machen, was du hier fangen kannst", sagte er. „Da um die Ecke hab ich mal einen richtig fetten Barsch rausgeholt. Wirklich wahr. So ein Oschi. Hab ihn bis an die Kante rangezogen und ihn dann gepackt. Aber ich hab die Hände nicht um ihn rumbekommen, hab ihn nicht hochgekriegt, er ist mir entwischt und hat sich von der Leine gerissen. Mann, hat mich das fertiggemacht, echt fertig. Scheiße, Mann, das war der größte Barsch, den ich je in meinem Leben gesehen habe und jemals sehen werde."

Eine Weile saßen wir schweigend. Dann sagte Kevin: „Einmal hab ich ein komplettes männliches Geschlechtsteil rausgeholt."

„Wie? In echt?"

„Ja, in echt."

„Ungelogen", sagte sein Freund.

„Kam da um die Ecke geschwommen." Kevin wies mit dem Kinn in die Mitte des Kanals. „Als ich es gesehen habe, dachte ich, Mann, das sieht verdammt komisch aus. Hab die Angel ausgeworfen und das Ding rausgefischt.

Hat ein paar Anläufe gebraucht, aber als ich's am Haken hatte, wusste ich, was es ist. Hätte am liebsten den Schwanz eingekniffen und mich verpisst. Kleiner Scherz. Ich hab's in eine Tüte gepackt, da an den Zaun gehängt und die Polizei angerufen: ‚Ich habe ein komplettes männliches Geschlechtsteil aus dem Kanal gefischt.' Der Bulle hat nur gelacht, und weißt du, was er gesagt hat? ‚Geh mir nicht auf die Eier!' Echt jetzt! Du glaubst es nicht. Und ich so: ‚Nein, im Ernst, das ist kein Witz, ich hab's hier an den Zaun gehängt.' Am Ende hat er mir die Geschichte dann doch geglaubt, und sie haben Taucher runtergeschickt, aber sie haben nie eine Leiche, nie den Besitzer gefunden. Ich war sogar in der Zeitung."

Kevin warf noch einen Futterball aus. Im Nu tauchte der rote Punkt unter, und wie ein Kran hob Kevin die Rute an, bis ein weiterer kleiner Barsch ans Ufer schwang. „Mickrig. Aber wir haben zwei schöne Rotaugen im Netz." Ich bat, sie sehen zu dürfen, und er hangelte das Netz aus dem Wasser. Das Wasser tropfte auf den Beton, ganz unten im Netz lagen zwei zwanzig Zentimeter lange Rotaugen, die ihre kleinen roten Augen aufrissen und nach Luft schnappten. Hier sei ein guter Platz zum Fischen, sagte Kevin. Ab vom Schuss, ein ruhiges Eckchen. Die beiden kämen mehrmals die Woche her, es sei ihr Spot. Wir redeten noch ein bisschen weiter. Kevin fragte mich, was ich hier mache, und ich sagte, dass ich einfach gerade die Zeit totschlage und mir in London die Flüsse und Teiche ansehe. Ich sagte ihm, dass ich immer und überall nach Wasser Ausschau halte. Er meinte, ihm gehe es genauso.

Ich verabschiedete mich, kletterte wieder die Böschung hoch und über die Bahngleise und stieg in den Bus nach Tottenham Hale. Ich hatte an diesem Tag schon die Teiche von Hampstead Heath und den Serpentine besucht, um nach Fischen oder Anglern zu suchen. Auch die Themse war ich entlanggelaufen. Das Wasser hatte all diesen Gegenden eine angenehme Gelassenheit verliehen, trotz der Abgase und des schwefelgelben Himmels, der alten Kondome und Graffiti.

Von Tottenham Hale lief ich zu den Walthamstow Reservoirs, neun windgepeitschte Wasserflächen mit Blick auf die Docklands Towers in Zone 3 der Victoria Line. Diese Trinkwasserreservoirs werden vom Lea gespeist und sind durch den Copper Mill Stream-Kanal miteinander verbunden. Auf dem kurzen Weg von der Bushaltestelle zu den Reservoirs überquert man den Lea. Zwei Flussäste, der eine flach und schnell, der andere durch eine Sperre gestaut, fließen hinter der Landstraße wieder zusammen. Entlang den Gleisen über der Sperre standen vertrocknete Blumen in einem feinen Film aus Straßenstaub. Stellenweise war noch die helle Plastikverpackung um die Gleise gebunden, und ich sah drei graue Teddybären und das folierte Bild eines kleinen Jungen. Obwohl es sich wellte, konnte ich erkennen, dass der Junge lächelte, vielleicht posierte er für ein Schulfoto; vom Alter her hätte er mein Sohn sein können. Das Stauwasser war tiefdunkel. Hunderte von Blumen waren an die Gleise gesteckt, die meisten verdorrt, manche aber noch strahlend und frisch.

Verwundert sah mich der Aufseher des Reservoirs durch sein dickes Sicherheitsglas an, das ihn vor jedermann beschützte, der mit vorgehaltener Waffe seine Kasse ausrauben wollte.

„Sie wollen sich also einfach nur umsehen? Aber wozu?“

Ich erzählte ihm, dass ich gehört hatte, es gebe im Copper Mill Stream Äschen, und sogar Forellen – die offenbar aus den Staubecken entwischt waren.

„Die Äschen sind weg, guter Mann. Die verfluchten Kormorane haben sie geholt. Wenn Sie Schriftsteller sind, schreiben Sie über die Kormorane."

Hinter ihm hing ein Glaskasten an der Wand. Darin eine große Regenbogenforelle, und der Text: „13lb 2oz, Copper Mill Stream, 1987". Ich fragte ihn danach.

„Die war paar Jahre hier drin. Gibt sicher noch mehr davon. Einmal haben wir eine im Netz gehabt. Die war in den Karpfenbecken, keine Ahnung wie lange, jedenfalls fünfzehn Pfund wog das Ding. Wir haben sie ins East Warwick gebracht, das Reservoir unten am Ende. Die wird den Jungs einen ordentlichen Schrecken einjagen, wenn sie sie sehen. Das ist das Vereinsgewässer der Fliegenfischer von Walthamstow. Aber im Ernst, diese Kormorane sind die Pest. Hier im Reservoir können wir nur Forellen einsetzen, die mindestens drei Pfund wiegen, dann fressen sie sie nicht. Letztes Jahr hab ich einen erschreckt, und als er weggeflattert ist, hat er gleich drei Forellen ausgekotzt. Die sitzen da mitten auf der Insel wie die Leichengräber auf den Bäumen. Also dann, sehen Sie sich ruhig um."

Der Copper Mill Stream führte an der Wachhütte vorbei und dann in einer Kurve unter der Eisenbahnlinie hindurch. In der Zone, in der das Fischen verboten ist, sah ich einen der großen Döbel dicht am Ufer an der Oberfläche stehen. Als er mich bemerkte, drehte er sich wirbelnd um. Flussabwärts spähte ein Mann mit Regenhut ins Wasser. Ich ging auf ihn zu, und er sah auf.

„Schande nochmal. Früher musste man hier noch seinen Ansitzplatz buchen. Alles vorbei, heute stehst du eine ganze Woche alleine hier. Da vorn habe ich mal richtig fette Barsche gesehen, aber alle weg, weil es nichts mehr zu fressen gibt. Früher gab's hier 300.000 Rotaugen."

Ich sah ihn an.

„Kein Witz, Mann! Der beste Rotaugenfluss im ganzen Land. Ja, im ganzen Land. Und jetzt werden die Rotaugen auf der Insel da drüben als zwanzig Zentimeter lange Kormoranscheiße ausgekackt."

Mit diesen Worten ging er davon, den Blick weiterhin aufs Wasser geheftet. Ich lief zum Reservoir Eins und fragte einen Angler, ob er schon etwas gefangen habe. Aber er hatte mich nicht richtig verstanden.

„Für die Tageskarte? Sekunde –" Er griff in seinen Mantel.

„Nein, ich bin nicht der Wart. Wollte nur wissen, ob schon was angebissen hat."

„Fang grad erst an. Bis jetzt noch nichts, aber bin auch grad erst gekommen."

Er nahm die Rute, die er soeben beiseitegelegt hatte, und kurbelte die Schnur ein.

„Da drüben kriegen Sie nichts. Sie müssen es hier unter den Bäumen versuchen. Direkt darunter."

Er warf die Schnur aus. Das Blei flog so hoch, dass ich dachte, es würde sich in den Bäumen verfangen.

„Zu kurz", sagte er, während das Blei noch in der Luft war; dumpf prallte es keine fünf Meter vor der Insel aufs Wasser und ließ Bläschen aufsteigen.

„Nah dran."

„Nope. Nicht nah genug. Man muss richtig nah ran. Die schwimmen direkt am Ufer. Sehen Sie den Ast da? Direkt da drunter liegen sie. Wobei – wenn da einer anbeißt, ein richtig dicker, dann bist du am Arsch, der taucht ab und reißt dir die Schnur ab."

Er warf wieder aus.

„Wieder zu kurz. Bei dem Wind braucht's wohl ein 50-Gramm-Blei."

Er holte die Schnur ein und machte seine Tackle Box auf; ich kniete mich neben ihn.

„Wahnsinnsausrüstung!"

„Ja, oder? Bin erst seit letztem Jahr dabei. Davor habe ich Matchangeln gemacht, aber das wurde mir irgendwann zu langweilig. Keine echte Herausforderung. War einfach zu leicht, was zu fangen. Kein Witz, war mir wirklich zu einfach. Karpfenjagd, das ist was anderes. Da musst du dir richtig was überlegen. Die sind echt clever. Da musst du dir richtig was überlegen. Das ist wie Schach."

Während er das Gewicht austauschte, fiel mir eine Tätowierung auf seinem Handrücken auf: zwei fickende Ratten, von deren Stirn Schweißperlen aufspritzten.

„Dreitausend Pfund stecken da drin. Wie bescheuert kann man sein. Der Rutenhalter da hat mich mehrere hundert Pfund gekostet. Aber der Bissanzeiger ist der Oberhammer. Ich bring gleich einen an."

Er nahm eine Dose mit Ködern, rosa Kugeln, die aussahen wie Süßigkeiten.

„Reines Protein ist das, und riecht wie der Balkonkasten im Puff. Der hier heißt Tangy Octopus. Wenn den ein Karpfen erschnüffelt, der kommt aus fünfzig Meter Entfernung angezuckelt."

Er biss eine Kugel durch - ein wahrlich würziger Tintenfisch -, kaute darauf herum und spuckte aus.

„Reines Protein. Schmeckt widerwärtig ... Hey, läuft bei dir?"

Der Angler vom Abschnitt unter uns kam gerade aus den Sträuchern zurück.

„Nur in meiner Hose."

„Sieh zu. Wir holen schon noch was raus."

Er warf den neuen Köder aus, der kurz vorm anderen Ufer aufplatschte.

„Jetzt straff ich die Schnur, steck sie in das Teil hier und schau in den Himmel. Wenn ein Karpfen auch nur in der Nähe meines Köders einatmet, schlägt der Anzeiger an. Da, schon einer dran. Wahnsinn, oder? Das Ding ist so konstruiert, dass sich der Haken außerhalb vom Köder befindet. Der Karpfen nimmt den Köder, spürt keinen

Haken und saugt ihn ein. Dann erst kommt der Haken hinterher, der Fisch merkt ihn und versucht panisch zu flüchten. Er hakt sich selbst."

„Sind die hier groß, die Karpfen?"

„Hier haben sie vielleicht an die dreißig, da hinten fünfunddreißig Pfund, und in Lower Maynard über vierzig, manche sagen bis zu fünfzig Pfund. Aber das ist nur was für Profis. Da kannst du ein Jahr lang fischen, ohne was zu fangen, wirklich wahr. Nichts für mich. Die kommen mit ihrem Biwaksack, verstecken sich, wenn's dunkel wird, und frieren sich die Eier ab, um vielleicht einen dicken Fisch zu angeln. Wahnsinn, oder? Der nackte Wahnsinn."

Ein Stück weiter schlug ein Bissanzeiger an, und zwei Angler rangen mit einem Karpfen, den sie ein bisschen klein fanden. Er wog zwölf Pfund, und der eine Angler hielt ihn leicht widerstrebend in die Höhe, während sein Kumpel höhnische Bemerkungen machte. Sie erzählten mir, dass erst vor ein paar Stunden weiter oben ein Fünfunddreißigpfünder herausgeholt worden war. Ich sah das Ufer entlang. Mitten in der Woche waren hier zwanzig Angler, manche mit Zelten, andere im Schlafsack auf Feldbetten eingerollt, wieder andere kochten Tee. Wie Belagerungskanonen zeigten alle Ruten auf die Insel in der Mitte des Flusses.

Am Pfad stand eine Tafel mit einem Stich der neuen Reservoire von 1884. Die Darstellung stammte aus der *Illustrated London News.* Ich fand die Stelle, aus deren Winkel sie erstellt worden war. Die Umgebung hatte sich kaum verändert, es fehlte nur die Pappelreihe nebst den Gentlemen mit ihrer viktorianischen Kleidung und den in keckem Winkel aufgesetzten Zylindern. Aber hinter den Reservoiren gab es Felder und Marschen – jetzt standen überall rundum Gebäude. Damals war

Walthamstow ein Dorf, eine kurze Reise über Land bis zum nordöstlichen Rand von London; jetzt gehörte es zur Stadt – die Reservoire ein Streifen Wasser in Tausenden Morgen Beton. Vielleicht markierte dieser Stich den Wendepunkt. Als der Künstler die Szene skizzierte, stieß die Stadt schon ins umgebende Land aus. 1884 gab es im Lea noch Forellen, wenngleich nur wenige und auch nicht mehr lange. Lea, Darent, Wandle, Wey, Chess, Colne und Mimram – all diese quellgespeisten Wasserläufe wurden vom herankriechenden Beton und Asphalt der Vorstadt eingeholt.

Mich hatte dieser schleichende Tod der Londoner Forellenflüsse zunehmend fasziniert. Ich war den Kanal entlanggelaufen, weil unter ihm ein Bach begraben liegt, der Tyburn. Nach Walthamstow war ich gekommen, weil ich von den Äschen und den entschlüpften Forellen gehört hatte. Flussauf gab es einen Bach, der Salmon Stream hieß, und der Lea musste einst einer der größten Forellenflüsse überhaupt gewesen sein. Ich saß am Ufer des Copper Mill Stream, dachte an die riesige, fette Regenbogenforelle, die in der Wachhütte an der Wand hing, und fragte mich, ob ich jemals eine wilde Bachforelle zu Gesicht bekommen würde. Ein Relikt dieser einstmals großen Flüsse zwischen umgekippten Einkaufswagen.

Ich hatte Erkundigungen eingeholt. Ein paar Tage zuvor hatte mir ein Mann im Umweltamt erzählt, dass er im Deptford Creek im Osten Londons zwei Meerforellen hatte laichen sehen. „Es wird wieder sauberer", sagte er. „Die Themse sieht schon wieder besser aus. Der Ravensbourne war tot. Heute gibt es in Chiswick sogar Delphine." Wir sprachen darüber, dass sich Heinrich VIII. im Tower einen Eisbären hielt, von dem er sich Lachse aus der Themse holen ließ. „Lachse gibt es hier auch", fuhr er fort. „Vor einiger Zeit hat mich ein gewisser Murphy angerufen, der im Wandle mit einem Wurm einen Lachs gefangen hat. In der Mündung eines Abwasserkanals."

Der Wandle fließt durch den Londoner Süden; vermutlich wäre es besser gewesen, gleich dort hinzugehen. Hier wurden früher große Forellen gefangen – vor hundertfünfzig Jahren fing ein Angler an einem Nachmittag gleich drei Stück, allesamt über sechs Pfund schwer. Frederic Halford, der Großvater des Trockenfliegenfischens, fing hier mit der Trockenfliege seine ersten zwei Forellen. Jede wog über drei Pfund. Vierzig Jahre später hieß es über den Fluss, er sei „graugrün und träge, ein zäher, von einem Dutzend Fabriken verschmutzter Strom, der abscheulich stinkt". Er starb 1934, als die letzte Forelle von einem Grundangler gefangen wurde – über fünf Pfund schwer und sechsundfünfzig Zentimeter lang.

Die Haltestelle Earlsfield, direkt nach Clapham Junction in südwestlicher Richtung, führt auf eine geschäftige Straße, die unter der Bahnlinie quert. Das Geratter der Dieselfahrzeuge prallt vom Backstein des Eisenbahnbogens. In der nasskalten Luft liegt der schwere Geruch der Tauben. Nach Süden hin eine Bushaltestelle, ein Telefonhäuschen und ein paar Läden, teils mit zugenagelten Fenstern. Nach Norden eine Tankstelle, hinter der die Straße eine Biegung macht und von Staub und Verkehr verschluckt wird. Ich sah auf die Karte, überquerte die Straße und ging nach Norden, um sogleich wieder nach Westen abzubiegen, bis ich direkt hinter einer Motorradwerkstatt an einer kleinen Betonbrücke stand, die über den Wandle führt. Das Wasser war immerhin so klar, dass ich im Flussbett dunkle Steine und alte Reifen ausmachen konnte, aber auf der Zunge spürte ich diesen stechend warmen Geruch, und das Wasser war dermaßen grau, als hätte jemand weiter oben seine Socken im Fluss gewaschen. Von der Brücke sah ich nur ein paar Meter vom Wasserlauf, weshalb ich zurück zur Hauptstraße und Richtung Süden ging, um den Wandle Trail zu suchen, einen Fußweg, der den gesamten Fluss entlangführt. Gleich gegenüber der Haltestelle gab es einen Angelladen, und ich ging hinein, um zu fragen, ob es im Wandle Forellen gab. Der Besitzer sah mich an, nicht als hätte ich eine irrwitzige Frage gestellt, sondern als wartete er seit sehr langer Zeit darauf, sie gestellt zu bekommen.

„Ja, es gibt welche", sagte der Ladenbesitzer.

Der Mann meinerseits des Tresens nickte.

„Ich glaube, nicht viele, und es fischt auch keiner danach. Wollen Sie es hier etwa versuchen?"

Ich gab zu, dass ich mit dem Gedanken gespielt hatte, in London eine wilde Forelle zu fangen. Er fragte mich, warum; verlegen stammelte ich nach Gründen. Ich weiß es nicht, sagte ich, die Welt ist einfach so abgefuckt, und vielleicht wäre eine wilde Forelle in London irgendwie eine Art Gegenbeweis? Er nickte, worauf ich mich entspannte und weiterredete. „Früher waren hier jede Menge drin. Es gab sogar einen Hoflieferanten, der die Forellen und Lachse aus dem Fluss geholt hat."

„Glaube ich Ihnen aufs Wort."

„Ein Kumpel von mir hat hier letztes Jahr eine Forelle gefangen", fügte der Kunde hinzu. „Falls mal wer was fängt, gibt's sie meist zum Frühstück. Weiter oben an der Straße teilt sich der Fluss, da bei den Stahlpfählen gibt es eine tiefe Stelle. Versuchen Sie's da mal mit einem Wurm."

Ich bedankte mich bei ihnen, und als ich den Laden verließ, wünschten mir beide viel Glück.

Die Stelle war leicht zu finden, eine Landzunge mit einem abgelaufenen Pfad zwischen Nesseln, flussauf ein flaches Wehr, das nach unten ausfächerte, um das schäumende Wasser unter der kühlen Luft der Bäume in ein dunkles Becken abzulassen. Weiter unten trafen sich die beiden Wasserläufe, heller Färberginster ankerte an Müll, die Blüten schaukelten in der Strömung, während ein paar Meter weiter die Züge aus Clapham über die Brücke donnerten. Am Rand des Wehrs stiegen Hasel nach kleinen Zuckmücken auf, die über die Wasseroberfläche surrten. Ich lief den ganzen Tag flussauf, von Earlsfield nach Carshalton, durch Parks und hinter Fabrikgebäuden entlang. Ich sah sogar einen Fuchs. Eine Forelle sah ich nicht.

Ich wusste noch von einer weiteren Stelle, wo ich es probieren konnte – weiter außerhalb am Stadtrand. Viele Male war ich auf einer doppelspurigen Schnellstraße durch diese sanfte Niederung gefahren. Gleich beim ersten Mal war mir eine Reihe Pappeln aufgefallen, die von der Straße abgingen, und von da an versuchte ich immer hinter den Reklamewänden einen Blick aufs Wasser zu erhaschen. Mit Hilfe einer Landkarte fand ich heraus, um welches Gewässer es sich handelte, und machte mich am unteren Ende auf den Weg. Der Wasserlauf führte an einem Sportplatz vorbei und unter einer zum Restaurant umgebauten Mühle hindurch. Ich fand einen festgetrampelten Pfad, dem ich bis zu einer kleinen Lichtung folgte, mit Überresten eines Feuers, alten Flaschen und Matratzen. Dahinter war der Wasserlauf derart von Brombeersträuchern verstopft, dass ich ihn nicht entlanggehen konnte. Ich musste mir den Weg freischlagen, in die Biegungen lugen. Am gegenüberliegenden Ufer fielen an einer Reihe luxuriöser Häuser große Gärten zum Fluss hin ab, aber wegen der Zäune und Drähte konnte ich auch dort nicht den Fluss entlanggehen. Ein Deutscher Schäferhund sah mich von seinem Balkon und rannte bellend in den Garten. Ein Vorhang huschte auf und wieder zu. Ich kämpfte mich denselben Weg wieder zurück und kam auf einem Feld heraus, neben dem ein paar Jungs Fußball spielten. Sie hörten auf und sahen mich an, dann liefen sie zum anderen Tor, um dort weiterzuspielen.

Ich beschloss, zum Auto zurückzugehen, bevor jemand die Polizei rief. Anschließend suchte ich eine geschlagene Stunde lang nach dem Fluss. Die Mauern und Straßen und Sackgassen der Vororte verschleiern die Konturen der Niederung, und die Stadtplaner begraben alle Flüsse, die ihre Pläne durchkreuzen. Am Ende fragte ich an einer Tankstelle, und der Mann meinte, am Gartencenter am Fuß des Hügels könnte ich den Fluss vermutlich sehen.

Ich musste warten, bis der Gartencenter-Leiter in den Empfangsbereich des Büros kam. „Sie wollen also in meinem Fluss nach Forellen angeln? Woher wissen Sie denn, dass es welche gibt?"

„Ich weiß es nicht", erklärte ich. „Ich suche nach ihnen."

„Und was machen Sie, wenn Sie eine finden?"

„Ich hoffe, sie zu fangen, und dann werfe ich sie wieder ins Wasser."

Die Vorzimmerdame und zwei Büromitarbeiter waren inzwischen verstummt und belauschten unser Gespräch.

„Warum?"

„Ich möchte einfach nur eine Forelle fangen. Ist das okay?"

„Nein", antwortete er ziemlich ruhig. „Ich brauche einen guten Grund. Wollen Sie vielleicht die Gegend abchecken, um dann mit Ihren Kumpels wiederzukommen? Scheiße, Mann, ich habe keinen Bock drauf, dass Massen von Leuten herkommen und nach Forellen suchen. Ich kenne euch Angler, alles verkappte Banditen."

„Das wird nicht passieren. Auf keinen Fall. Ich möchte nur wissen, ob es hier Forellen gibt. Wenn überhaupt, sind es bestimmt nicht viele. Sehen Sie, ich versuche einfach nur herauszufinden, ob es in London wilde Forellen gibt. Früher gab es sie hier haufenweise. Alle Wasserläufe in London waren kleine quellgespeiste Forellenflüsse, und heute sind sie allesamt begraben. Ich möchte einfach nur herausfinden, ob einer von ihnen sozusagen noch am Leben ist. Einfach nur, weil ich es gern wissen möchte."

„Ich mag Fische", sagte er und begann plötzlich zu lächeln. „Wir haben hier überall Fische." Er machte eine weite Handbewegung über seine Aquarien. „Also gut. Ich habe keine Einwände. Sie können sich eine Stunde umsehen, aber Sie sagen niemand, dass Sie hier waren."

Draußen gluckste ein heller Kreidefluss durch einen Durchlass, über dem die Lastwagen die Hauptstraße entlangdonnerten. Hinter dem Durchlass teilte sich der Fluss, und ein Zweig lief zu einer Wassermühle mit zugenagelten Fenstern. Weiter unten mäanderte er durch einen alten Park. Ich zog meine Wathose an.

„Oy." Der Wachmann kam aus seiner Hütte. Er hatte gerade seine Kaffeetasse abgestellt. „Was zum Teufel machen Sie da?"

„Ist genehmigt. Hab mit dem Chef gesprochen. Er hat's genehmigt."

„Mir hat er nichts gesagt. Was machen Sie denn? Wollen Sie hier etwa angeln?"

Ich erzählte ihm von den Forellen.

„Ja, ja", sagte er. „Ich gehe auf Karpfen. In dem Tümpel da drüben. Prächtige Dinger. Aber Forellen? Viel zu klein. Weiß nicht, ob sich das lohnt. Aber wenn's denn sein muss, fangen Sie am besten da unten an, bei dem Baum." Er ging zurück zu seinem Kaffee.

Ich begann also unten hinter der Eiche, und da, etwas flussauf, sah ich meine Forelle. Eine Zeitlang beobachtete ich sie, umtost vom herbeigewehten Straßenlärm. Sie schnellte über den Steinen hin und her, stieg gelegentlich vom Flussbett auf wie ein Drachen, der eine Böe erwischt hat, bis sie an die Oberfläche stieß und einen Wirbel flussabwärts schickte. Ich warf einmal, die Forelle stieg vom Kies auf, drehte sich und schnappte gierig nach der Fliege.

VOLLE KANTE VERWEIGERUNG

Ich bekam eine E-Mail von Jim aus Amerika. Die gefriergetrockneten Hippies planten ihre alljährliche Pilgerreise in die Wälder von Maine. Sie angelten schon lange zusammen. Inzwischen gingen sie immer an den Penobscot, um Binnenlachse zu fangen. Sie campten am Fluss, machten Feuer, tranken Bier und aßen Elchburger. Jim hatte in seinem Wohnmobil noch eine Koje frei und fragte mich, ob ich Lust hätte mitzukommen. Ich fragte zurück, ob es möglich wäre, einen kleinen Umweg über Rangeley zu machen. Kein Problem, meinte Jim. Wir würden einfach ein paar Tage früher losfahren und an den Rapid gehen, einen Fluss südlich von Rangeley, von dem Jim schon gehört, aber an dem er noch nie geangelt hatte. Er kannte einen Typen, der uns begleiten würde.

Ich wollte seit Jahren nach Rangeley. Und der

Penobscot klang auch gut – ein echter uramerikanischer Roadtrip, angeln, am Lagerfeuer sitzen, wässriges Bier trinken und in den Wald scheißen. In meinem Kopf war ich Kerouac mit Angelrute, nur ohne Daumen heben. Ich dachte zweieinhalb Sekunden nach, dann schrieb ich zurück, dass ich dabei bin. Jim wollte Anfang Mai sein Wohnmobil entstauben und schlug vor, dass ich einen Tag früher komme und wir alles zusammen fertigmachen.

Von Boston nach Searsport an der Küste von Maine ist es mit dem Flugzeug nur ein Katzensprung, aber Jim meinte, ich solle den Bus nehmen, um einen Eindruck vom Land zu bekommen. „Dann kannst du auf der Fahrt ein paar Wahnsinnige kennen lernen, und du siehst die Landschaft", sagte er.

Die ersten Stunden sah ich mit dem Kopf ans Fenster gelehnt die Umgebung an mir vorbeiziehen. Die Passagiere waren eine wilde Mischung – ein übergewichtiger Teenager, dessen T-Shirt lebensecht eine Kreuzigung darstellte, darunter der rätselhafte Satz READ BETWEEN THE LINES; ein deutsches Pärchen ganz in Schwarz mit Flock of Seagulls-Frisuren; eine Rothaarige, die irre schien; und eine sehr, sehr dicke Frau. Es gab wenig zu sehen – meist Bäume und Felsen, während sich die Straße durch die abgeholzte Brache zog. Mehrmals döste ich ein und wurde von der singenden Rothaarigen geweckt, die ihre Kopfhörer auf und die Augen zu hatte. Die dicke Frau gegenüber lächelte mich mitfühlend an. Später redeten sie miteinander, die Dicke über ihren Exmann, der sie geschlagen hatte, und über das Frauenhaus, die Rothaarige über ihre Katzen und ihre unmöglichen Eltern.

Als ich wieder aufwachte, waren wir an der Küste von Maine und fuhren durch Fischerdörfer und kleinere Orte, aber inzwischen war es dunkel und regnete. In Searsport schließlich war ich der letzte Fahrgast. Jim wartete am

Jachthafen auf mich, im Nieselregen in eine knallgelbe Öljacke gekauert.

„Wie war's?"

„Hab ein paar Wahnsinnige kennengelernt und die Landschaft gesehen", sagte ich.

Wir hatten einen Tag Zeit, um unsere Vorräte zusammenzupacken und Jims Wohnmobil unter den Bäumen hervorzuholen, wo es den ganzen Winter über gestanden und Moos und Laub angesammelt hatte. Ich fegte es aus, während Jim Eis machte.

„Jeder muss am Penobscot einmal kochen. Ich mache ein richtig gutes Südstaaten-Chili, dass dir der Arsch pfeift, das heißt unser Fleisch muss fünf Tage durchhalten."

Bis zum Nachmittag hatten wir Eis ins Kühlfach gepackt, in der Stadt Brot, Eier, Cranberrysaft, Bier und eine Tonne Sardinen gekauft und das Wohnmobil saubergemacht. Nur die Handfeuerwaffe unterm Stockbett machte mir Sorgen.

„Willst du mich erschießen, wenn ich dir dumm komme?"

„Hab damit mal ein Loch in ein Schneemobil geblasen", sagte Jim lächelnd. „Aber wenn du meine Apfelbäume heile lässt, hast du nichts zu befürchten."

Jim ist aus Tennessee, nennt die Smoky Mountains sein Zuhause, und manchmal bekommen seine Augen ein gewisses Funkeln.

„Okay, pass auf", sagte er, „ich muss noch ein paar E-Mails schreiben, warum gehst du nicht so lange runter zum Fluss? Einfach den Pfad runter bis zum Fuß des Hügels, am Teich vorbei, und dann hörst du ihn schon. Über die Brücke, dann ein Stück flussabwärts, da ist eine gute Stelle. Und wir sehen uns zum Abendessen?"

Jims Anwesen erstreckt sich über fünfzig Morgen in

ein bewaldetes Tal, durchschnitten von einem quirligen regengespeisten Bach, der nur einen Kilometer weiter unten ins Meer mündet. Ich befolgte Jims Ratschlag. Die Sonne schien durch das Blätterdach und marmorierte die Luft mit warmen Flecken. Es roch nach Moos, Laubstreu, der kühlen Feuchte des Baches.

Hinterm Wald öffnete sich eine sumpfige Talaue, hier zog sich der Bach die Schuhe aus, bevor er langsam die dunklen, torfigen Gumpen hinabrann und durch die Biberdämme sickerte. Ich setzte mich eine Weile hin und sah aufs Wasser, saugte die Sonne auf, wartete auf Lebenszeichen. Sie kamen. Ein Platschen unterhalb, ein Platschen oberhalb. Alle paar Minuten schoss ein kleiner Bachsaibling an die Oberfläche; das Steigen hungriger wettstreitender Fische. Sie jagten meine Trockenfliege vom Flussbett aus, manchmal so flink, dass sie sich selbst hakten oder sie komplett verfehlten.

Ich versuchte es an den verwinkelten Standplätzen, um größere Fische zu fangen. Am Kopfende des mittleren Gumpens lag ein Baum über einer Schwanenhalsbiegung im Bach. Um den Gumpen abzufischen, musste ich auf den Baum klettern, mich darüberlehnen und die Fliege unter der Rutenspitze absenken, um mit ihr die Oberfläche zu streicheln. Beim dritten Mal stieß ein großer kupferfarbener Schein an die Wasserfläche und nahm meine Fliege. Der Fisch war nur fünfundzwanzig Zentimeter lang, aber er bog die Rute an der straffen Schnur und zischte in den verworrenen Schatten unter dem Baum. Als ich den Fisch schließlich in der nassen Hand hielt, spürte ich seine kühle Wildheit – ein Bachsaibling von unangestrengter Schönheit.

Am nächsten Morgen machte Jims Frau Linda ein Bild von Jim und mir vor dem Wohnmobil: zwei Angler, gerüstet für die Entbehrungen der Wälder von Maine, im

Gepäck nichts als die leiblichen Genüsse, die der Mensch in seiner Erfindungsgabe transportabel gemacht hat. „Wir kommen schon klar“, sagte Jim sarkastisch, und Linda winkte uns zum Abschied.

Wir wollten gegen Mittag in Rangeley sein. Jim fuhr Richtung Süden, durch eine Handvoll Fischerdörfer und Orte, die ich schon bei meiner Anreise im Dunkeln gesehen hatte: weißgetäfelte Kolonialhäuser, klassische Bibliotheken und Kirchen, baumgesäumte Straßen, und in jedem Ort unten am Ufer eine Sardinenfabrik oder eine Verpackungshalle für Hummer. Außer ein paar Hightechfirmen schien es wenig zu geben, was Maine Reichtum bescheren könnte, bis auf die Landschaft und den Lebensstil, die die „Blattspanner“ anzogen, wie Jim sie nannte, Städter aus dem Süden, die heraufgekrochen kamen, um hier ihr hartverdientes Geld auszugeben und sich zu wünschen, sie lebten auf dem Lande. Im Landesinneren wurden die Touristenschnellwege und Antiquitätenläden rasch weniger, sodass nur die in Buschland und Wald gehobelten Gehöfte blieben, und je weiter wir fuhren, desto weniger Gehöfte und desto mehr Bäume sahen wir.

„Maine ist ein Wald“, sagte Jim. „Wenn du ein Jahr deinen Rasen nicht mähst, kriecht dir, wenn du wieder hinsiehst, schon der Dschungel ans Haus.“

Gegen 11 Uhr sah ich das erste Hinweisschild nach Rangeley. Ich lehnte mich aus dem Fenster, um ein Foto zu schießen.

Rangeley war im späten 18. Jahrhundert als Försterei entstanden, nachdem „Squire“ Rangeley von Derbyshire über New York dort hingezogen war. Einem Stammbaum hatte ich entnommen, dass er quasi mein Ur-Ur-Ur-Urgroßvater war. Natürlich habe ich insgesamt zweiunddreißig und weiß, dass das Rückverfolgen der eigenen Herkunft eine maßlose Übung in Selbstüberhöhung ist. Trotzdem fragte ich mich, ob der Ort irgendetwas an sich hatte, irgendeinen besonderen Reiz. Ob noch entfernte Cousins von mir hier wohnten. Und ob ich in den Geschäften Rabatt und vielleicht ein T-Shirt geschenkt bekäme.

Wir fuhren an einem zweiten Schild vorbei, dann einem dritten, bis wir auf einen ruhigen Feldweg einbogen, der nur nach Rangeley führen konnte. Er schnitt durch die Wälder, zur Linken der große Rangeley Lake, oder genauer der Mooselookmeguntic, an dem forschende Angler im 19. Jahrhundert gigantische Saiblinge entdeckt hatten, mit Schwänzen wie Torfspaten. Hier ließ es sich so gut angeln, dass sie Fischhütten bauten und ihren Fang in Reihen aufhängten, um Fotos für Postkarten zu machen. Sie dezimierten die Fische, bis es fast keine mehr gab. Dann, am Ende, hämmerten sie, weil sie den schwindenden Angelsport wiederbeleben wollten, den letzten Nagel in den Sarg der Riesensaiblinge von Rangeley, indem sie den See mit Atlantischem Lachs auffüllten, was die Nahrungskette kippen ließ. Heute ist Rangeley unter Anglern immer noch bekannt, allerdings nur wegen der Lachse; trotz einiger, sogar großer, Saiblinge ist es einfach nicht mehr dasselbe.

Die Hauptstraße – gesäumt von Telefonmasten, Bäumen und holzgetäfelten Häusern in Weiß und Enteneiblau, auf deren Blech- und Schindeldächern sich der graue Nachmittag spiegelte – führte in einem weiten Bogen am Nordufer des Sees entlang. Ein weißer Kirchturm krönte die Skyline, darunter schmiegten sich Bars, Hotels, Cafés und Geschäfte: Sarge's Sports Pub and Grub, das Rangeley Inn and Motor Lodge, Sugar Plums Rangeley Fudge, der Angelladen Fly Box und das Parkside Café, wo Jim und ich handgemachte Burger aßen, Eistee tranken und plauderten, während ich träge durchs Fenster den Menschen zusah, die ihren Geschäften nachgingen. Ich erzählte Jim, dass ich manchmal in den Momenten, wo mich der erschreckende

Vorortpuritanismus meiner Heimat nicht mehr empörte, sondern nur noch betrübte, meine Sachen packen wollte, um wie Squire irgendwo anders ganz neu anzufangen.

Der Stadthistoriker Will empfing uns in seinem Bekleidungsgeschäft. Ein kleiner nervöser Mann mit langsamen Bewegungen, der ganz auf die Riese Papier und die Schachteln mit Fotos konzentriert war, die er für uns herausgesucht hatte. Er zeigte mir Bilder von anderen Rangeleys, die zu Besuch gekommen waren, darunter eine Familie aus Texas, die im Garten um eine Sonnenliege herumsaß. Ich betrachtete das Bild sehr lange und sehr eingehend und fragte mich, ob es irgendeine Gemeinsamkeit zwischen uns gab. Jim sah mir über die Schulter und meinte, er sehe eine gewisse Ähnlichkeit. Bevor wir wieder gingen, machte Will wie von allen hergekommenen Rangeleys ein Foto von mir unter dem Schild des Restaurants „Doc Grant's", gegenüber von seinem Laden, genau in der Mitte zwischen Äquator und Nordpol.

Am späteren Nachmittag trafen wir Bob im Bald Mountain Camp am anderen Ende der Stadt. Wir liefen das Ufer des Kennebago entlang und zogen uns schließlich zum Abendessen in den Speisesaal des Camps zurück. Bob schlief im Zimmer über mir. Er stampfte und schnarchte die ganze Nacht. Als er in der ersten Morgendämmerung runterkam, sagte er: „Kaffee und Kuchen, das ist nichts für mich, ich habe bis drei Uhr wachgelegen und über ein einziges Thema nachgegrübelt – mein Leben. Jeezus!"

„Geht gar nicht", sagte Jim hinterm Vorhang am anderen Ende der Hütte.

„Und wisst ihr, worüber ich nachgedacht habe?", fuhr Bob fort. „Ich habe gezählt, mit wie vielen Frauen ich im Bett war. Weil ein Freund von mir meinte, er wär mit zweiunddreißig Frauen im Bett gewesen. Das hat irgendwie an mir genagt. Ich hatte jedenfalls keine zweiunddreißig Frauen, und Scheiße noch mal, ich bin in den Sechzigern großgeworden!"

„Bob, dein Freund hat seine Frauen gezählt", sagte ich. „Das ist, als würdest du die Fische zählen, die du gefangen hast."

„Das ist schlimmer als Fischezählen", sagte Jim.

Bob schenkte sich Kaffee ein und setzte sich in einen Sessel, der mitten im Raum stand. Nach einem Moment zuckte er die Schultern und lächelte, dann setzte er zu einer Geschichte über sein Haus an, das von Ameisen gefressen worden war. Inzwischen hatte er es bereits ein zweites Mal gebaut. Jim erzählte von seiner neuen Veranda, und ich hörte mir eine volle Stunde lang ihre Hausbaugeschichten an, die man im ländlichen Maine als geläufiges Gesprächsthema wohl einfach draufhaben muss.

Bobs Shorts hingen unelegant unter seiner mächtigen Brust- und Bauchpartie. Er litt an Rückenschmerzen, seine Knie und Füße waren unter seinem Gewicht geschwollen. Aber er hatte trotzdem eine lockere Art, der der Lauf der Zeit nichts anhaben konnte, und etwas Großtuerisches, das seine kindliche Begeisterung über unseren Angelausflug Lügen strafte.

„Hey Leute!", sagte er schließlich. „Das wird ein Fest! Hier gibt es richtig dicke Fische."

Wir verließen Rangeley und fuhren zwei Stunden Richtung Süden, wo Harry für einen Tag zu uns stoßen wollte. Harry betrieb die alte Klause und hatte ein Auge auf den Fluss. Ein großer Kerl, der aber schwerelos über die Steine tanzte. Er fühlte sich verpflichtet, eine Zeitlang über meine Bemühungen zu wachen, während sich Jim flussabwärts geschlichen hatte, um allein zu fischen. Doch schon bald gewann unser aller Neigung, den Fluss allein abzusuchen, die Oberhand gegenüber der Einsicht, dass Angeln eine soziale Tätigkeit sein sollte, und so ging fröhlich jeder seines Weges, um ab und zu innezuhalten, wenn jemand zu ihm kam, um zu fragen, wie es lief.

Es dauerte seine Zeit, bis ich begriff, wie ich es anfangen musste. Zuerst fing ich nur winzige Fische, dann aber nahm ein kleiner Fisch meine Streckerfliege und zog die Springerfliege mit sich tief in einen schwarzen Gumpen. Ein großer Bachsaibling, der sich vermutlich nur selten vom Boden erhob, sah und nahm die Springerfliege. Ich drillte beide gleichzeitig, bis eine noch größere Forelle auf den kleinsten Fisch zuschoss und ihn vom Haken fraß. Immerhin hatte ich noch den Saibling, den ich in eine Kehrströmung abseits der Hauptströmung lockte, als sich Jim durch die Büsche hinter mir kämpfte.

„Die großen Fische stehen tief", sagte ich.

„Ich weiß", sagte Jim und wies auf seine Ausrüstung, eine große Steinfliegennymphe mit zwei Tungstenperlen, einer winzigen grünen Köcherfliegenlarve ein paar Fingerbreit darunter und einem großen orangen Bissanzeiger am Ende der Fliegenschnur.

„Okay", sagte ich mit Blick auf seine Rute. „Du weißt offenbar, was du tust."

Ich hielt meinen Bachsaibling kurz über dem Wasser, damit Jim ein Foto machte. Der dunkle Rücken des Fisches schimmerte im Sonnenlicht, das durch die Wolkendecke brannte. Ich sah die hellblauen Flecken mit dem roten Punkt in der Mitte, den orangen Schimmer an der Schwanzflosse, das unergründliche, in Weiß eingefasste Grün seiner Flossen und spürte die Kraft in seinem Bauch.

„Ich fange sie alle mit der grünen Köcherfliege", sagte Jim, als der Fisch davongeschwommen war. Anschließend fischten Jim und ich zusammen, warfen schwere Nymphen in wirbelnde dunkle Gumpen, zogen große Fische herauf, bis wir die verfallene Klause unterhalb des Pond in the River erreichten, wo die anderen auf uns warteten und unterhalb der gesplitterten Holzstämme und des rostigen Stahldachs der Klause Streamer nach Binnenlachsen warfen.

Am Abend tranken wir in Harrys Camp unterhalb des Wasserfalls Bier, aßen Sardinen-Sandwiches und redeten bis tief in die Nacht. Als Harry aus dem Haus rüberkam, sprachen wir über Elche. Harry stand an der Tür, er füllte den Türrahmen aus und erzählte uns, wie viele Menschen nachts auf der Route One getötet werden.

„Du siehst die Viecher nicht, das ist das Problem, weil die sind wirklich riesig. Wenn du einen im Wald schießt, siehst du, wie riesig die sind. Die Brust ist fast auf Höhe der Windschutzscheibe. Du kannst sie vierteilen, du kriegst sie nicht vom Fleck. Soll ich euch sagen, wie man sie am besten transportiert? Du musst sie komplett ausnehmen ... Du ziehst dir 'ne Regenhaut über und steigst in das Tier. Dann schiebst du ihm ein Kanu unter die Rippen, legst seine Beine drum und hievst es in den Fluss. So macht man das am besten."

Ungefähr hier kam das Gespräch auf Monty Python und Hexen – wir überlegten, wie ein Elch auf dem Wasser schwimmt. Wie Äpfel, Soße oder sehr kleine Steine? Jim und ich glucksten, aber Harry verstummte, und damit war die abendliche Atmosphäre dahin. In die unangenehme Stille hinein sagte Jim: „Ich habe heute Nachmittag den Flügelschlag eines Rebhuhns gehört, das sich verlaufen hat."

Harry entspannte sich.

„Schon mal mit 'ner Sechzehner gefeuert?", fragte er.

„Klar", sagte Jim.

„Vollautomatisch? Ist das ein krasses Gefühl?!"

„Yo", sagte Jim. „Ich würde ja gern mal so ein Flugabwehrgeschütz mit Tracker erleben. Wie ein Gatling-Repetiergeschütz beim R2D2."

„Hab ich mal gesehen!", erwiderte Harry mit jungenhafter Begeisterung. „Das geht vielleicht ab! ‚Suup' macht das. Suuuup. Suuuup. Suuuup."

Am nächsten Tag rief ich von einem Münzfernsprecher in Greenville zu Hause an und sprach viel zu lang, während Dollarmünze um Dollarmünze im Schlund des Gerätes verschwand.

Die Besitzerin des Camps am Penobscot erkannte Jim sofort wieder und redete mit ihm, als wäre er nie weggewesen. Ihr Kühlschrank würde vor Elchfleisch überquellen, sagte sie, und sie würde nachher ihren Mann mit ein paar Elchsteaks zu uns schicken. Jim erzählte ihr, er würde ein richtig gutes Südstaaten-Chili kochen, dass dir der Arsch pfeift, und sie antwortete trocken, wir sollten uns vor dem Bären in Acht nehmen, der in letzter Zeit um die Latrine herumscharwenzelt.

„Der kriegt mein Chili zu spüren", sagte Jim.

Am Eingang zu unserem Camp steckte Barney unter der Motorhaube seines Tiefladers. „Der Verteiler macht Zicken." Barney fährt einen Hazard County, der Jim zufolge jedes Jahr eine Panne hat.

Unten am Fuß des Hangs standen ein halbes Dutzend Zelte um eine Lichtung mit Blick auf den Fluss. In der Mitte ein Tisch vollgestellt mit Senf, Ketchup, Chips und Bier. An einem Nagel in einer großen Kiefer, die sich über den Fluss beugte, hing ein Müllsack, schon halb voll mit Bierdosen. Darunter glomm ein Feuer, und neben der trägen Rauchsäule waren zwei Gestalten zu erkennen, die uns den Rücken zuwandten. Die eine wippte im Stehen von einem Fuß auf den anderen, in der einen Hand eine Dose Bud, in der anderen eine Zigarre. Die zweite saß zusammengesackt auf einem Campingstuhl und rülpste laut.

Jim rief: „Shawn, du Schurke! Trinkst einfach ohne uns!"

Shawn drehte sich um, lachte ungestüm, Schleier aus Zigarrenrauch vor dem Gesicht.

„Hey Jungs! Alles klar? Kommt rüber, nehmt euch'n Bier!“ Er schüttelte mir herzlich die Hand, wobei sein knochenbrechender Händedruck von seiner Zeit als Football-Profi und die abwandernden Muskelmassen von seinem Rentnerdasein zeugten. „Freutmichsehr, Charles. Und das hier ist Chuck.“

Chuck hätte Shawns Sohn sein können – er war zwanzig Jahre jünger und trug seine Baseballkappe falschrum. Er richtete sich taumelnd auf, lallte „Hallo“ und fiel wieder in seinen Stuhl. Chuck war hackestramm, obwohl erst früher Nachmittag war. Am Abend verschwand er in den Wäldern, um nach Bären Ausschau zu halten, versuchte später im falschen Zelt anzulanden, bevor er mit seinen Goldfischlis zu Boden sank. Erst am nächsten Mittag stand er wieder auf. Vielleicht ein Initiationsritus, denn danach verspürte er offenbar keinen Drang mehr, eine Generation von Woodstock-Veteranen unter den Tisch zu trinken, die sich ihre Leber schon ruiniert hatten, als er noch nicht geboren war.

„Die andern sind am Arschfelsen“, sagte Shawn.

„Letztes Jahr war ich mit meinem Bruder hier“, erklärte Jim, als wir im Unterholz nach dem richtigen Pfad suchten. „Ich habe ihm erklärt, dass er Arschfelsen heißt, weil du dich auf den Arsch setzt und dich keinen Meter bewegen darfst. Leider musste ich ihn immer wieder einfangen und auf den Stein setzen. Er hat dann aber doch relativ schnell von alleine kapiert, dass sich die Fische auf dich zu bewegen und nicht umgekehrt.“

Marcel, Will und Norm waren auch da und fischten abwechselnd mit schweren Nymphen im Lauf neben dem Felsen, überließen mir aber den Vortritt, damit ich es meinerseits versuchte.

„Herzlich willkommen am Arschfelsen", sagte Will. „Nimm die schwerste Nymphe, die du hast, und fische sie direkt unter der Rutenspitze."

Der Fluss wuchtete sich oberhalb von uns über eine Felsbank und rann dann seitwärts über Kiesel auf unser Ufer zu, wo er auf eine unnachgiebige, eingefaltete Felswand traf und daran vorbeifloss. Wir standen an der Felskante, wo die Fliege in dem tiefen Lauf, in dem das aufgewühlte Wasser davonschoss, wie ein Ballon im Aufwind hüpfte. Ich zupfte sie zwei, drei Mal durch den Lauf, bevor die Schnur stehenblieb und ich meinen ersten erregenden Kontakt mit einem Binnenlachs hatte. Die Rutenspitze ditschte auf und ab, als hinge ein Gummiball daran, und plötzlich schoss eine aufbrausende Gestalt aus dem Wasser und tanzte vor uns in der Sonne. Sie hüpfte auf der Schwanzflosse, tauchte wieder unter, sprang anderswo wieder heraus und blieb so lange stehen, bis ich hart an der Rute zog und den Fisch übers Wasser heranschleifte.

„Hey Jim, dein englischer Pullermann scheint ja doch was draufzuhaben", sagte Marcel.

Es war kein gutes Jahr für die Atlantischen Lachse: Aus einem Grund, den keiner kannte, stiegen keine Stinte mehr zum Laichen auf, von denen sich die Lachse normalerweise ernähren, sodass sie kleiner und dünner waren als gewöhnlich – weil sie sich wie die einheimischen Forellen von Köcher- und Maifliegen ernähren mussten. Wir versuchten es ein paarmal mit Steamern, deren klassische Carrie Stevens-Muster die Großaugen imitierten, fingen aber wenig. Besser lief es mit den Nymphen in der Dead-Drift, die wir flussauf warfen, oder am Abend mit Trockenfliegen, wenn die Köcherfliegen schlüpften und Pools wie der Stonefly Heaven zum Leben erwachten, während das letzte Licht über dem Fluss verblasste.

Im Gegensatz zu Jim und Will fehlte mir die Erfahrung, um mich darüber auszulassen, was wir hier vorfanden. Jim vermisste die vierzig Zentimeter langen Lachse der Vorjahre, wechselte aber bald zu seiner Rapid-River-Technik, womit er die größten Lachse aus Stromschnellen kitzelte, in denen sich eigentlich nur Felsen halten konnten. Ich ärgerte mich, weil ich das gesamte Wasser oberhalb von ihm abfischte und nichts fing. Immer wenn ich mich umdrehte, war Jims Rute wieder gebogen, was nur selten daran lag, dass sie sich am Grund verfangen hatte. Sein schönster Fisch sprengte ihm in der Mitte des Flusses die Schnurspitze, was Jim dem unverwüstlichen Chuck zugute schrieb.

„Der kam raus, als Chuck vom andern Ufer ‚Weiter so!' gerufen hat. Muss ihn wohl geärgert haben. Er wollte Rache und hat mein Vorfach gebrochen. Ein sechzig Zentimeter langer Lachs. Richtig hübsches Ding. Mein lieber Scholli."

Eines heißen Nachmittags stand ich allein an einem Uferabschnitt, der ein gutes Stück von der Landstraße entfernt war. Wie eine hohle Kuppel lag der reine blaue Himmel über dem Fluss und wurde in der Mitte vom Kondensstreifen eines Interkontinentaljets durchschnitten. Es war so heiß, dass das im Wald trocknende Nutzholz knackte. Dann und wann übertönte das hohl pochende Ratatata eines Spechts das permanente Krächzen der Blauhäher, deren metallische Triller klangen, als würden Messer gewetzt. Der Fluss schoss an mir vorbei. In der Ferne hörte ich Shawns brüllendes Gelächter.

Dann wurde es lebhaft im Fluss. Eine Sturmwelle Köcherfliegen brandete in die trockene Luft, und ich verbrachte den Nachmittag damit, einen gerade dreißig Meter langen Lauf abzufischen, ohne einmal blind zu werfen. Zwar fing ich nur zwei Fische, aber der eine war so lang wie mein Arm, und ich musste über die Steine tanzen, um auf seiner Höhe zu bleiben. Hätte er mehr Masse gehabt, wäre er mir entwischt, doch nach einem kraftraubenden Spurt konnte ich den prächtigen Lachs mit der Hand landen. Er war so groß wie ein richtiger Lachs. Ein Lachs, dessen Ozean durch Geologie und Mensch auf große Flüsse und Seen geschrumpft war, und dennoch ein Lachs. Bedenkt man zudem, dass er sich seine Nahrung im Süßwasser sucht, ist es reiner Wahnsinn, nach ihm zu fischen. Als ich am Abend zum Camp zurückkehrte und Chuck fragte, wie es für ihn gelaufen sei, war sein Fazit: „Volle Kante Verweigerung."

Wir aßen Hirschsteak und mit Knoblauch marinierte Entenbrust, überm Lagerfeuer kurz angegrillt, innen blutrot. Marcel war *chef de la maison*, was bedeutete, dass er zu jeder unpassenden Gelegenheit hektische Anweisungen bellte, egal wer gerade kochte.

„Schlägst dich ganz gut, Charles", sagte er zu mir. „Als Jim meinte, er würde einen Engländer mitbringen, einen Charles Snobby-Wichser schießmichtot, dachte ich, ach du Scheiße, der ruft als Erstes die Queen an, damit sie mit ihrem Hubschrauber kommt und ihn rettet, und dann fliegt er flennend nach Hause. Aber scheinst dich ja doch ganz gut zu schlagen."

Barney stand mit dem Rücken zum Feuer, vom Rauch umhüllt, den Arsch nur Zentimeter von der flammenden Hitze entfernt, und grinste still in die Nacht: Ein Joint machte die Runde. Norm fummelte am Ghettoblaster.

„Fuck, wie kriegt man dieses Ding an?"

„Rechts an der schmalen Seite", sagte Barney, der sich mit halb geschlossenen Augen einen Styropor-Dosenkühler an den Mund führte. Ein keckes Akkordtremolo schallte durch die Stille der Wälder. Barney hängte sich eine Luftgitarre um, Marcel schloss die Augen und klopfte mit den Füßen den Takt. Shawn begann mit den Hüften zu kreisen, während Norm auf und ab hüpfte und „Fuckin' Waylon Jennings!" in die Dunkelheit schrie.

Wir redeten über Messer, übers Älterwerden, Schneefräsen im Hinterhof, darüber, ob die Schmetterlinge vom Zucker oder vom Salz angezogen wurden, wo wir im Wald unsere urinösen Flecken hinterlassen hatten, übers Fliegenbinden und dass man Lachse nicht beleidigen darf, indem man ihnen zu einfache Fliegen vorsetzt, über Outlaw-Country und die Nashville-Vorherrschaft, Annie Proulx' Buch über Cider-Herstellung, und so kamen wir vom Hölzchen aufs Stöckchen, bis ein dezenter, aber ausdauernder Regenguss den Tisch in einen Matsch aus nassen Servietten und wässrigen Ketchuppfützen verwandelte. Das Feuer brannte aus, und alle schweiften in ihre Betten.

Zehn Tage in den Wäldern und die einseitige Ernährung aus rohem Fleisch weckten auf jede erdenkliche Weise in mir Sehnsucht nach Vicky. Das einzige Thema auf der Rückfahrt waren die Top Ten der Schauspielerinnen und Sängerinnen, die wir gerne mal knattern würden. Über manch bedauernswertes Objekt unserer Campinggelüste herrschte überraschende Einigkeit. Zum Beispiel über Sandra Bullock.

„Sie ist auf dem Holzplatz ihres Vaters großgeworden und hat alle ihre Brüder verprügelt", sagte Jim. „Meine Augen werden wässrig, wenn ich nur dran denke, wie sie im Jeanshemd Holzklötze stapelt und ihre Shorts an den Oberschenkeln ausfransen."

„Was ist mit Madeleine Stowe?", fragte ich.

„Gute Wahl", sagte Jim.

„In *12 Monkeys* ist sie echt heiß. Und Helena Bonham-Carter."

„Interessante Wahl“, sagte Jim. „Also ich steh ja auf Überbiss und übers Ufer tretende Brüste. Insofern steht bei mir Gwyneth Paltrow ganz oben auf der Liste.“

„Ich muss dringend nach Hause“, sagte ich.

Jim nickte. Wir konnten unser erbärmliches Gejammere schon selbst nicht mehr ertragen.

Jim setzte mich am Jachthafen von Searsport ab, gab mir noch den Immobilienteil der *Camden Times* mit und hoffte, ich hätte eine gute Zeit gehabt. Ironischerweise konnte ich während der gesamten Rückfahrt nach Boston Sandra Bullocks Schenkel bewundern – im Hauptprogramm des Bus-TV lief *Miss Undercover* –, ein banaler Film, der nur an Fahrt gewann, als ich meine Bilder vom Holzhacken in ausgefransten Jeans darüberlegte.

Wir scherten auf die Nord-Süd-Küstenstraße ein, vorbei an „Mr. Tire und Co. – Kugeln und Köder“ und einem Schild an einer Autowerkstatt: „Wir beten für Joddy Rae – wir lieben dich“. Als wir durch Camden und Belfast fuhren, sah ich mir wieder die Schilder an: „Sei kein Narr – nett sein ist nicht klug“ oder „John Fence – Zäune aller Art“. Schon seltsam, dass ein Schild eine ganze Gegend charakterisieren kann. Irgendwann auf der Reise hatte ich mich insgeheim gefragt, wie es wäre, hier zu leben. Die Schilder hatten genau wie die Gegend einen besonderen, neuen Reiz. Bei mir in der Heimat verschwinden die Schilder in der Landschaft, was hier sicher auch passiert, sobald man sie kennt. Aber dann, dachte ich, danach, wenn dieser neue Reiz wieder Normalität geworden ist, dann muss ich sicher sein, dass diese Normalität besser ist als meine altbekannte.

MEIN NEUER ROTER LAND ROVER

In einem Lied von Natalie Merchant heißt es: „Ich klettre unterm Stacheldraht am Bahndamm durch und steige über die alte Mauer aus Stein. Ich bin auf dem Weg zum Fluss. Ich gehe an den Fluss, der mein Gemüt beruhigt, denke an die verrückten Tage meines Lebens, sitze da und sehe zu, wie der Fluss fließt."

Die letzten Worte, die meine Mutter zu mir sagte, waren: „Schön, dass das mit dem Land Rover geklappt hat." Mein Vater und ich hatten den Wagen gerade von dem Mann abgeholt, der ihn für mich zusammengeschraubt hatte – ein geretteter Motor in einem verzinkten Chassis mit zusammengepuzzelten Einzelteilen, außen durchgängig rot, innen und unter der Motorhaube farbenfroh gemischt. Ich war hergekommen, um den Land Rover zu holen und meine Eltern zu besuchen. An dem Tag, an dem ich ankam, ging es meiner Mutter ganz gut, obwohl sie Gewicht verloren hatte und am Abend früh und langsam die Treppe hinaufstieg. Am nächsten Morgen war ihr schlecht, und es wollte den ganzen Tag nicht besser werden. Als sie am späten Nachmittag schlief, fuhren wir los, um den Land Rover zu holen, und bei meiner Rückkehr sagte meine Mutter diesen Satz. Sie wollte nicht, dass ich bei ihr blieb, war auch zu müde zum Sprechen, weshalb ich nach unten ging, um ein bisschen zu arbeiten, bis ich etwa eine Stunde später hörte, wie sie starb. Wir hatten es nicht erwartet, nicht jetzt, aber es ist wie ein Zug, den man noch nie gesehen hat und trotzdem womöglich erkennt, und obwohl man weiß, dass er kommt, weiß man trotzdem nicht, wann. Man sitzt auf dem Bahnsteig und sträubt sich, aufs Gleis zu schauen.

Ihr schien heiß zu sein, weshalb ich ihr einen feuchten Waschlappen auf die Stirn legte. Sie öffnete kurz die Augen. Ich saß auf der Bettkante und las ihr ein Gebet aus dem Buch auf ihrem Nachttisch vor, und als ich ans Ende gelangte, hörte sie auf zu atmen. Ich kann ihren letzten Atemzug hören. Sie wurde nicht alt.

In dem Gebet heißt es: „Wir meinen, wir müssen sie Dir zurückgeben, o Gott, der Du sie uns gabst. Doch da Du sie nicht verloren hast, als du sie gabst, verlieren nun auch wir sie nicht, da sie zu Dir zurückkehren.“ Es war das Erste, das ich aufschlug, es schien mir passend. Ich ging hinaus, damit mein Vater mit ihr allein sein konnte, und bereitete das Abendessen vor. Ich öffnete eine Dose Tomatensuppe und lehnte den Kopf gegen die kalte Ziegelwand neben dem Herd, während ich umrührte. Ich hatte keine Lust auf diese Suppe, und fragte mich, ob ich in dieser Nacht würde schlafen können. Ich freute mich nicht auf diese Nacht. Ich versuchte mir einzureden, dass der schwere hohle Raum in meiner Brust das Einzige war, um das ich trauern musste – die Abwesenheit, dass ich entweder glaubte oder nicht glaubte, dass der Körper, der in der schwarzen Tasche mit dem Reißverschluss die Treppe runter und aus dem Haus getragen wurde, sie einfach im Stich gelassen hatte – dass sie jetzt in einer anderen, fernen Welt war. Dass ich sie vermissen würde, dass es mehr nicht war.

Am nächsten Tag musste ich nach London fahren, um meiner Großmutter zu sagen, dass ihre Tochter gestorben war. Doch als ich auf die A10 fuhr, schwand meine Gewissheit, ich fuhr an den Rand und schrie und prügelte auf das Lenkrad ein, bis sich meine Stimme überschlug und meine Hände schmerzten.

Im Oktober, auf einem Angelausflug, kam alles wieder hoch. Es gab keinen besonderen Grund – es lag einfach daran, dass auf der Straße lange genug Ödnis ist. Der Herbst holt solche Gedanken hervor. Es ist eine Zeit im Jahr, in der sich das Leben in sich zusammenzieht und unsichtbar weitergeht. Man muss tief in der Erde graben oder unter der Rinde kratzen, um es zu sehen. Diesmal traf es mich schlimmer als zuvor – so heftig, dass ich mich nachher fragte, wo ich all das bis dahin verborgen hatte. Ich saß in meinem roten Land Rover, hatte zu viele Gedanken im Kopf, dachte an meine Mutter und wie gern ich mit ihr reden würde. Es war, als würde ich in eine Nebelbank fahren. Ich konnte fast nichts mehr sehen, fuhr auf die Innenspur und bremste ab. Nach einer Weile überholte mich ein anderer Wagen, dessen Insassen sich umdrehten und mich ansahen. Das rüttelte mich wach, ich riss mich zusammen und gab wieder Gas.

Wie heißt es im Lied, der Fluss fließt.

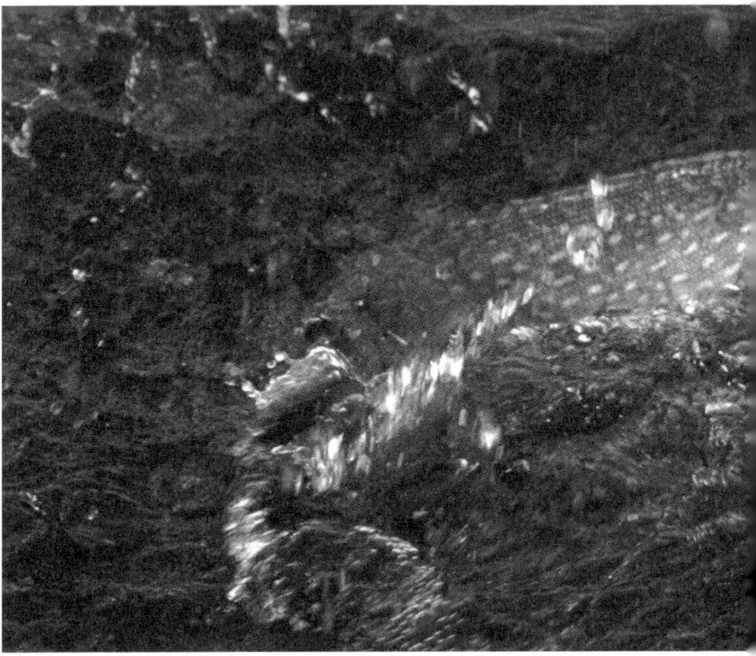

DER RAND DER WELT

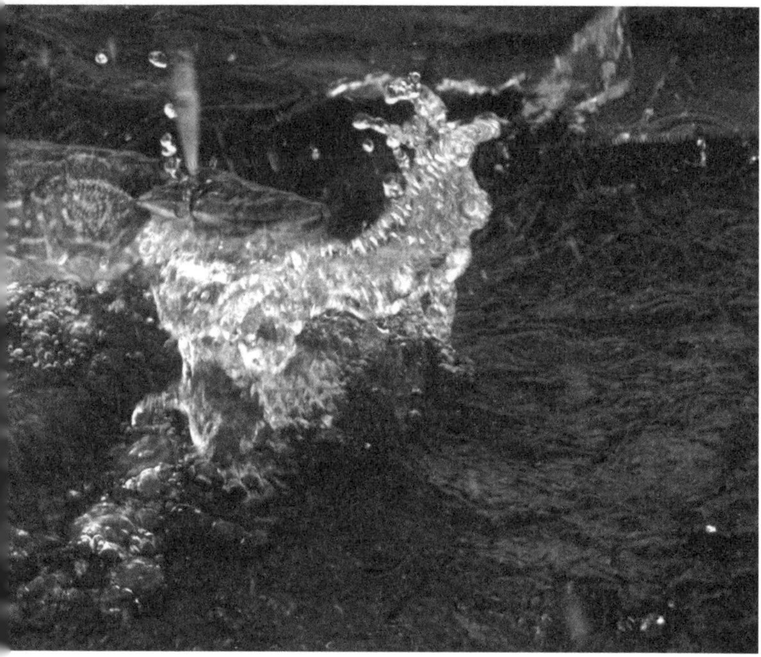

Ich bin dieser blauen Linie schon einmal gefolgt und habe mir vorgestellt, was sie bergen könnte. Am Ufer bei der Fizzy Bridge habe ich oft flussaufwärts auf die zickzackförmigen Entwässerungsgräben geschaut, die auf einen verschwommenen Fluchtpunkt zulaufend dahinschwinden, im Sommer von Hitzeschlieren, im Winter von Nebel verschleiert. Letztes Jahr im Oktober waren zwei Jungs mit ihrer Angelrute auf Drahteseln unterwegs und erzählten mir von einem See, der südlich der Gräben zwischen Bäumen lag: „Da gibt's megafette Hechte", sagte der eine. Sehr weit in der Ferne konnte ich ein kleines Wäldchen ausmachen.

„Wem gehören die Fischereirechte?"

Der Ältere grinste: „Hamwa nich' nach gefragt."

Es ist nur ein kurzer Weg über die Landstraße. Von

meinem Fenster sehe ich den Hochwasserdamm hinter den Feldern. Fast kann ich das Meer sehen, und vor hundert Jahren, vor den Entwässerungsmaßnahmen, wäre das tatsächlich möglich gewesen. Aber das Fenland ist immer noch genauso unberührbar wie zuvor; obwohl ich es auf der krummen Fahrrinne einer Moorstraße durchqueren kann, wohnt hier das Gespenst des Meeres. An manchen Morgenden kommt es einem so vor, als könnte man dort draußen ertrinken.

Es gibt an der Fizzy Bridge auch Fische. Ich sah einen, als ich letzten Herbst die Gegend entdeckte. Unter der tief am Himmel stehenden Sonne erhaschte ich nahe am Ufer den Schimmer eines gestreiften Smaragds, der plötzlich von meinem Schatten verschluckt wurde. Die Wasserfläche hob sich über der bewegten Masse wie eine aufgebauschte Schlickwolke.

Dreihundert Meter den Damm entlang wird der Graben von einem Rohr gekreuzt. Hier bricht sich die Strömung und fällt leicht ab, wodurch sich mit den Jahren eine Einkerbung in die Einförmigkeit der technischen Zeichnung geätzt hat. Auch hier gibt es große Hechte. Weiter bin ich damals nicht gegangen.

Gemächlich schneidet die blaue Linie durch die Landkarte, zehn Kilometer von einer Brücke zur nächsten. Dazwischen nichts. Wobei, man weiß ja nie. Ich breitete die Karte auf dem Tisch aus, und plötzlich stach diese neue Gegend hervor, so überraschend, als hätte jemand die Topografie verändert und sie hinzugezeichnet. Auf der Karte machte der Graben einen scharfen Knick, erst nach Norden, dann zurück nach Westen. Von jedem Knick ging eine Rinne ab. Ein paar Meter flussab gab es eine schmale Brücke. In den Fens sucht man nach solchen Punkten. Köderfische versammeln sich in Schwärmen unter den Brücken und an jeder kleinsten Abwechslung in der menschengemachten Monotonie der Gräben. Und die Hechte folgen.

Auf der Karte war auch ein Weg eingezeichnet, der mir eine fünf Kilometer lange Wanderung über den Hochwasserdamm ersparte.

Der Übergang in die Fens führte mich an einem leeren, vom grauen Morgen überspülten Campingplatz vorbei, ein schlammbespritztes Schild für Eiscreme von Mr. Whippy, das Laub von Äquinoktialwinden in alle Ecken geweht. Etwas weiter versteinerte ein Wellblechhaus unter Schichten glänzend grüner Farbe. Ein Deutscher Schäferhund drehte wilde Runden an seiner Kette und bellte, sowie er mit den Vorderbeinen hochstieg, die Schranke seiner Fesseln an, der Boden rundum zu einem perfekten Halbkreis bloßen Staubs malträtiert. Auf dem Hof saßen drei fette weiße Enten unter einem Apfelbaum, dann standen sie auf und watschelten davon, während mein Vorderrad in eine Spurrille geriet und das Wasser hoch über den Zaun spritzte. Der rostige Rumpf eines Bedford-Lasters war bis zu den Radkappen im Boden versunken. Durch sein Fahrerhaus wand sich ein Ahornbaum.

Am Ende des Weges erreichte ich die kargen Überreste eines Priorats, dessen Hauptbogen und ein paar Mauern von Gerüststangen abgestützt wurden. Dahinter ein Bauernhaus aus dunklem Stein, mit Einsprengseln zurechtgeschnitzter weißer Blöcke, die aus dem bröckelnden Priorat geplündert worden waren. Auf dem betonierten Hof schlief ein Collie, ich ging leise auf ihn zu. Den Blick auf den Collie geheftet, übersah ich jedoch den Border Terrier, der mir in den Knöchel biss. Der Collie wachte auf, bellte und wedelte mit dem Schwanz. Ich tätschelte den Collie und trat den Terrier.

„Da haben Sie den richtigen“, sagte eine Stimme aus der Scheune vor mir. „Der ist ein ganz lieber. Bei dem andern müssen Sie aufpassen."

„Hallo", sagte ich und spähte ins Dunkel. „Ja. Er hat sich meinen Knöchel geschnappt."

„Wirklich? Ja, das kann er. Der Postbote kommt nur noch bis zum Anfang des Weges. Weiter will er nich mehr. Musste nen Briefkasten aufstellen."

„Sie sind also der Bauer hier?"

„Nee, nee. Geh ihm nur ein bisschen zur Hand. Grad schraub ich an der Heizung hier. Verdammtes Ding. Aber ein echter Dauerbrenner. Muss man ja nicht gleich wegschmeißen, nur weil's ab und zu ein paar Streicheleinheiten braucht."

„Ganz meine Meinung", sagte ich, betrachtete das Gerät und tippte mit dem Zeh gegen eine Ecke. „Was ich fragen wollte, wie sieht es hier mit Angeln aus? Meinen Sie, ich könnte über das Land hier rüber zum Graben laufen?"

„Da müssen Sie Mr. Jacks fragen. Wenn, dann kriegen Sie von ihm die Erlaubnis."

„Ist er da?"

„Ich schau mal."

Er klopfte an die Hintertür des Bauernhauses, die kurz darauf von einer kurzatmigen Dame in Leopardenfellhose geöffnet wurde. Ihr blaues Top spannte sich über ihre Brüste, zwischen denen ein Schleier aus Schweiß hing.

„Der Mann möchte wissen, ob er hier angeln darf."

Sie wandte den Blick zu mir. Ich lächelte und sah zu Boden.

„Warte hier."

Sie drehte sich um und ging wieder ins Haus. Einen Moment später erschien Mr. Jacks. Er lächelte.

„Klar dürfen Sie", sagte er. „Gehen Sie einfach da die Hecke lang bis zum Ende. Wonach angeln Sie denn?"

„Hechte."

„Oh ja! Hechte. Hässliche Viecher, oder? Gleich

hinter der Brücke ist einer."

„Wenn ich einen fange, würden Sie ihn dann essen?"

„Sollen ja angeblich gut schmecken, aber ich hab mal einen probiert, war nicht so meins. Wär fast an den Gräten erstickt. Nicht so mein Ding. Und modderig. Nein, nichts für mich. Also dann!"

Er zog die Tür wieder zu. Der zur Hand gehende Mann zuckte die Schultern. Ich lief den Pfad hinunter zum Fluss.

Ein neues Gewässer zu erkunden ist fünf Kilometer vor der eigenen Haustür genauso faszinierend wie in fünftausend Kilometern Ferne. Der Fluss liegt tief in einer Einkerbung im Land versunken, und bevor ich ihn sah, konnte ich ihn bereits hören. In den Fens hört man nur selten Wasser, weshalb ich auf dem Weg den Damm hinauf neugierig den Hals reckte. Klar floss der Graben zwischen den Stützpfeilern eines ehemaligen Stegs dahin, zog das Unkraut straff, kräuselte sich in einem flachen, fünfzig Meter langen Gumpen, führte dann durch eine weitere Ziegelenge und eine schnelle Rinne nach unten. Zwei Gumpen, züngelnde Strömung, Kehrströmungen, flaue Ausläufe. Hier würde ich ganz sicher fündig werden.

Ich lief die Wasserkante entlang, sah einen kleinen Hecht und eine große Forelle. Die Forelle verblüffte mich. Ich hatte zwar schon gehört, dass Meerforellen in diesen Graben aufsteigen, aber nicht gewusst, ob ich es glauben sollte. Dazu mussten sie von den kilometerweit entfernten Hügeln herabschwimmen, wo der Graben ein richtiger Fluss ist. Das war der Beweis, dass sie es konnten und taten. Von meiner Hintertür sehe ich auf eine Zuckerfabrik, eine Eisenbahnlinie und das nachtflackernde Licht eines Gewerbegebiets; auch daran mussten sie vorbei. An der Mündung des Grabens ins Meer liegt noch eine Wohnsiedlung. Ich war einmal dort, um nach Meerforellen zu suchen, aber es war alles voller Hundescheiße und Graffiti, und in einer Lagerhalle schrie ein Pulk von Leuten „Eins zwei ha!, Eins zwei ha!, Eins zwei ha!" Ich kriegte meinen Mut nicht zusammen, um nachts dort zu angeln.

Weiter flussauf lief ich die beiden Knicke entlang, die ich auf der Landkarte gesehen hatte. Dazwischen fiel das Wasser hinter Röhricht zu einem dunklen Schatten ab. Der Hecht kam plötzlich, beim zweiten Wurf, und folgte meiner Fliege schnurgerade durch den Graben, bis er mit gespreizten Flossen an der Kante stehen blieb. Ich zog weiter ein, und wieder folgte der Hecht und stoppte. Dann noch einmal, und ich sah die roten Kiemen, als der Fisch den Kiefer aufsperrte. Er preschte nach vorn, nahm die Fliege und schwamm weiter flussauf, bis sich die Leine unter der Rutenspitze straffte und der Hecht in wütender Verwirrung in die Luft schoss. Ich spürte, wie meine Beine leicht wurden und meine Ohren pochten.

Ich kletterte die Böschung hinab, um ihn an die Hand zu führen. Ein Prachtexemplar, hellgrün marmoriert, fett und farbsatt, mit schmalem Kopf. Er musste durch Enten und Forellen schnell an Gewicht zugelegt haben. Ich stieg die Böschung wieder hinauf und setzte mich, um ihm zuzusehen, wie er sich beruhigte. Das Brummen eines Kieswerks kam über das flache Land herangeweht wie das anbrandende Meer. Einen guten Kilometer weiter sah ich einen Rundturm und einige Schotterhaufen. Als ich den Hecht wieder freigelassen hatte, roch ich seinen modrigen Geruch von der grasigen Böschung bis zum Hain, in dem ich meinen Mantel aufgehängt hatte.

Hinterm Kieswerk führt eine Reihe von Strommasten den Graben entlang ins Tal. Sie thronen über dem Land wie die Menhire auf der Osterinsel. Manchmal sieht man Muster, die sich kreuzen und überschneiden wie ein großes Netz aus Metall. An der Fizzy Bridge knistert der Strom wie ein senderloses Radio in der Luft. Die Fens sind mit dieser Spannung aufgeladen.

Später sah ich an der gleichen Stelle noch einen Hecht und rief Jonathan an, um ihm von meinen Sichtungen zu erzählen. Er ersann einen Vorwand, um in den Norden zu fahren, und so liefen wir an diesem Wochenende den Hochwasserdamm entlang, während sich die Spitzen unserer schweren Fliegenruten seitlich im Wind bogen. „Das macht' s einfach!", rief Jonathan. Das Wasser war klar, obwohl es hoch stand; so hoch, dass die grasbewachsenen Ränder am Fuß der tiefliegenden Böschung überflutet waren. Jonathan ging voran und hatte binnen Minuten einen sechs Pfund schweren Hecht am Haken. Der Fisch wandte und drehte sich an der Oberfläche, spritzte Wasser auf, das vom Wind niedergepeitscht wurde, als hätte jemand eine Handvoll Kies aufgeworfen. „Fuck", sagte Jonathan – der Hecht war weg. Aber sechs Meter weiter hatte er schon den nächsten und noch etwas größeren am Haken.

Ein getunter Ford Escort fuhr auf die Brücke – extragroßer Auspuff, tiefliegendes Chassis. Drei Typen saßen drinnen, bis die Fenster beschlugen. Dann stiegen sie aus und lehnten sich ans Geländer, um uns zuzusehen. Nachdem Jonathan schon drei Fische gefangen hatte, schickte er jetzt mich vor; ich lief die letzten Meter bis zur Brücke, wo die Fliege direkt unter den drei Typen landete. Ich betete darum, einen Fisch zu fangen. Während sie in beängstigendem Schweigen zusahen, löste sich ein schwarzer Schatten vom Flussbett und schob sich über die weiße Fliege. Der vordere Teil des Schattens schüttelte sich, und ich zog so fest ich konnte die Rute nach oben. „Ein richtig großer!", rief ich Jonathan zu. Der Hecht bog meine Fliegenrute zum Halbkreis. „Vierzehn oder fünfzehn Pfund", schätzte Jonathan und zog hinter mir an seiner

Zigarette. Die Rennfahrer kamen zu uns auf den Damm.

„Ey krass, was für ein fetter Fisch", sagte der Fahrer. Sie verfolgten, wie ich das Fenlandkrokodil ohne viel Wirkung auf und ab durch den Graben zog. Erst hing es schlaff wie ein totes Gewicht am Haken, dann durchzuckte es wieder Leben, dann hing es wieder schlaff, bis es in ein Krautbett stob und die Fliege abschüttelte. Langsam, wie eine Kompassnadel drehte sich das Krokodil um die eigene Achse und sah vom Flussbett zu uns auf. Die Rennfahrer wurden unruhig. „Lass gehen", sagte einer. „Der kommt nicht mehr wieder."

Ich sah den Fisch eine Weile an.

„Komm", sagte Jonathan. „Wir gehen ein Bier trinken."

Auf dem Weg durch das Fenlandmeer nach Welney strudelte Jonathans Wagen wie ein Fischkutter über den Asphalt. Hinter uns verblasste die Küste der niedrigen Hügel, bis wir überzeugt waren, dass die Erde eine Scheibe ist. Die Hochwasserdämme des Bedford Level wie ein aufragendes Archipel; an der Küste ausgebrannte Wracks gestohlener Autos.

„Ist hier in der Gegend so eine Art Hobby", sagte ich.

Wir durchquerten das Bedford Level, ein gespenstischer Streifen Moorland zwischen den Gräben. Hier liegt Welney vor Anker.

Der Pub bestand aus einem winzigen Raum, dessen weiße Wände von Zigaretten gelb nikotiniert waren. In die eine Ecke ragte ein Holztresen. Ein kleines Feuer glomm schwach im Kamin und erfüllte den Raum mit Rauch und Torfgeruch. Jonathan bestellte zwei Pints Mild Ale. Wir nahmen neben dem Klavier Platz, wo schon zwei alte Männer im Anzug saßen.

„Wart ihr angeln?", fragte der eine, ganz in Schwarz, mit Kappe.

Wir erzählten, dass wir auf Hechte fischten, uns aber

die meisten vom Haken gingen.

„Hecht ist auch meins“, sagte der andere.

„Angeln oder essen?“, fragte ich.

„Beides, wobei das eine vor dem anderen kommen muss.“

„Poah, ich weiß nicht“, sagte sein Freund. „Mir sind sie zu schleimig.“

„Meine Frau macht eine Fischpastete mit Hecht, zum Niederknien.“

„Ah, und wie genau?“, fragte ich.

„Ziemlicher Aufwand. Du machst erst eine Schicht Hecht, dann Kartoffeln, dann Hecht, dann Kartoffeln, und obendrauf eine schöne Käsesauce. Ein feuchter Traum. Holt mich aus jeder Kneipe heim.“

„Aber schleimige Ekelpakete sind das trotzdem“, sagte der Mann in Schwarz und wandte sich zu uns: „Wenn du vorher den Schleim nicht abgießt, schmecken die wie Modder. Und das ist noch eine Beleidigung für Modder.“

„Was ist mit Salz?“

„Salz tonnenweise. Am besten, du legst den Hecht über Nacht in ein Salzbad, das zieht ihm den Schleim raus. Darfst du aber auf keinen Fall ins Waschbecken kippen, das repariert dir kein Klempner. Dann tunkst du ihn sooft es irgend geht in klares Wasser. Dadurch wird er richtig sauber.“

Wir leerten unsere Pints und holten uns zwei neue und ein paar Tüten Erdnüsse. „Mittagessen fällt aus“, sagte Jonathan. „Komm, wir holen uns einen.“

Draußen schnitt der Wind über die feuchten Felder, dass ich fröstelte. Im Osten baute sich gerade eine Wand aus Wolken auf, das Licht war jetzt stahlgrau wie an einem Wintertag, an dem man weiß, dass noch Schnee fallen wird.

„Halbe Stunde. Danach sind mir die Eier weggeschrumpelt."

Wir machten uns auf den Weg über den Damm, den Kopf gegen den Wind gesenkt. Die Männer im Pub hatten uns von einem großen Fisch unter einer Weide erzählt, gegenüber vom Beiboot. Dort versuchte ich es, während Jonathan ein Stück weiterlief. Ein kleiner Hecht stürzte auf meine Fliege, und etwas später drehte ein anderer in ihrer Nähe, aber irgendwie hatten wir das Gefühl, dass der Tag gelaufen war. Die Kälte schnürte mir die Adern zu. Dieser schmale Graben hatte einen Wellengang, der das Wasser in der Ponytränke aufschäumte. Das Auswerfen war mühsam.

„Lass uns gehen", sagte Jonathan. Er hatte sich eine angezündet, großer Fisch hin oder her. Wir stiegen auf die Böschung. Der Wind stürmte über die Fens, bäumte sich am steilen Ufer auf und heulte in den Abgrund. Der Hundred Foot Drain und der River Delph waren über die Ufer getreten, und soweit wir sehen konnten, standen die Felder unter Wasser, ein grauer, von Hecken durchsteppter Flickenteppich.

„Der Rand der Welt", sagte ich.

„Fantastisch", sagte Jonathan. „Ein anderes Land."

Ich erzählte Nick von dem großen Fisch, der den Haken abgeschüttelt hatte, und wir trafen uns an der Fizzy Bridge, wo zu unserer Überraschung überall Bagger und Container standen. Aus der Hütte auf der Brücke rief uns ein Mann zu: „Hey Leute, hier parkt ihr besser nicht, da werdet ihr nur überplaniert. Fahrt lieber ein Stück die Straße rauf." Als wir zurückkamen, lehnte er sich neben uns ans Geländer. „Sind da welche drin?" Ein paar schon, antworteten wir, obwohl ich fürchtete, dass die Bauarbeiten sie flussauf vertrieben hatten. Das Wasser war klar, und wir stiegen hinab zum Röhricht hinter der Brücke. Nick war gerade zum Auto zurückgegangen, als ich ihn hakte. Ich sah, wie der Hecht direkt auf mich zukam und vor der Fliege stehen blieb. Ein riesiger Fisch. Er öffnete die Kiefer und dockte an die Fliege an wie an ein Mutterschiff. Der Mann auf der Brücke rief Nick zu: „Dein Kumpel hat einen gefangen!" Der Fahrer hinter mir stellte den Motor ab.

„Der ist aber groß", sagte Nick, als er zu mir kam. Dann setzte er die Sonnenbrille auf und sagte: „Echt groß."

„Wie groß?", fragte ich.

„Deiner wiegt sicher fünfzehn Pfund, aber der hungrige dahinter, der ihn verfolgt, wiegt locker zwanzig."

Wir zogen meinen Hecht ans Ufer und posierten mit ihm für ein Foto. Der Baggerfahrer sagte „Teufel noch mal", und Nick gab zu, dass er noch größer war, als wir vermutet hatten. „Der hat schon eher zwanzig Pfund als fünfzehn. Vielleicht achtzehn."

Dann wandten wir uns wieder dem Wasser zu.

„Wenn der hier schon so groß ist …"

„Allerdings", sagte Nick. „Der da ist noch gut zehn Zentimeter länger. Teufel, was für ein Riesenfisch da drin schwimmt."

GROSSE WEISSE SCHLÜPFER

Die Woche war vorbei. Wir hatten das Einhorn gesucht und nicht gefunden.

Es war noch dunkel, als unsere Fähre am Festland anlegte – schweigend fuhren wir durch die Kälte. Während die ungewaschene Welt außerhalb der Scheinwerfer Gestalt annahm, überlegten wir ein ums andere Mal, wohin wir hätten fahren können, was die bessere Wahl gewesen wäre. Vielleicht konnten wir der Woche doch noch einen Fisch abringen. Als wir den Loch Lomond entlangfuhren, hielt ich an einer Telefonzelle. Die Straße war feucht und laubbedeckt und roch nach Herbst, die Telefonzelle nach Pisse und Tabak. Morgen war der letzte Tag der Saison, weshalb ich einen Flusswart am River Lyon anrief, der mir erzählte, tags zuvor sei ein sechzehn Pfund schwerer weiblicher Lachs gefangen worden; wenn wir wollten, könnten wir das Revier für morgen buchen. Aber Richard, den die Nachricht kurz zu ermutigen schien, sah aufs Wasser und auf die Bäume oder durch sie hindurch und sagte schließlich: „Das heißt, dass wir sie nicht mehr fangen." Er blieb im Wagen sitzen, während ich zur Telefonzelle zurückging und dem Flusswart sagte, er solle es vergessen.

Weiter im Süden hielten wir an einer Tankstelle, bestellten zwei Kaffee und setzten uns auf Plastikstühle an einem Brunnen. Dicke cherubinische Meerjungfrauen spien Wasser in ein flaches Becken voller Münzen und Zigarettenkippen. Aus den Lautsprechern in der Decke troff fade Musik. Richard nahm einen Schluck, schlaff in den Sitz gefläzt, mit immer noch wirrem Blick, und sagte schließlich: „Das müssen die unfangbarsten Fische auf der ganzen verkackten Welt sein."

„Allerdings", nickte ich, wohl wissend, dass ‚unfangbar' gute und schlechte Seiten hatte. Geisterhaft war gut, abwesend schlecht. Auf Meerforellen zu hoffen ist heutzutage ein unsicheres Unterfangen. Richard starrte auf seinen Kaffee.

„Was ist los?"

„Was für eine elende Scheiße", sagte er und schob die Tasse von sich.

Ich fühlte mich schlecht. Als ich ihm von dieser Gegend erzählte, dachte ich, es würde funktionieren. Aber ich kann besser von diesen nomadischen Biestern lassen als Richard, der süchtig danach ist, und die Woche hatte ihn komplett ausgeknockt. Wir stierten noch eine Weile auf den Brunnen, bis ich schließlich aufstand. Da sah Richard auf.

„Schon komisch, aber irgendwie werde ich Duncan vermissen. Den Rest sicher nicht. Was für ein Loch. Da fahr ich nie wieder hin. Aber Duncan ist einer der coolsten Ghillies, denen ich je begegnet bin."

Sieben Tage zuvor waren wir von der Fähre auf eine schmierige schwarze Straße gefahren, die undeutlich in der Ferne verschwand, und nach den paar Sekunden, die wir brauchten, um die Landschaft in uns aufzunehmen, wussten wir beide, dass wir uns etwas anderes vorgestellt hatten. Es sollte eigentlich keine Rolle spielen, aber irgendwie nagten Gegend und Wetter an unseren Erwartungen. Die Wolken drückten wie ein Kopfschmerz, entließen einen undefinierbaren Niederschlag zwischen Niesel und Regen, dass Himmel und Land verwischten. Was wir suchten, gab es nicht. In diesem Moment schien mir all das wie ein Konstrukt einer untergegangenen Vergangenheit, deren in uns wohnende Erinnerung nur noch romantisch und absurd war. Durchs Seitenfenster sahen wir auf einen Tümpel, dessen straff gespannte Oberfläche zitterte und plötzlich vom darüberfegenden Wind zerfurcht wurde. Die Böe fuhr über die Straße, rüttelte am Wagen, peitschte Wasser gegen die Scheibe. Wir lauschten dem Motor, den Scheibenwischern, dem Regen.

„Fick dich, Mann. Was für ein Loch“, sagte Richard, wütend auf sich selbst, dass er auch nur eine Sekunde daran geglaubt hatte.

Über uns warfen die Straßenlaternen dreckorangene Lichtkegel in den Himmel. Im Nachleuchten glommen vereinzelte Blockhäuser, allesamt von kümmerlichen, von Bruchsteinmauern eingefassten Koppeln umgeben. An Holzmasten durchhängende Kabel schraffierten das Land wie ein Spinnennetz. Die Landschaft gesprenkelt mit Bungalows, alten Autos, dachlosen Steingehöften. Streifen bleiernen Wassers stießen durch die Weiten aus Heide und Moor.

Am Ende der Insel ging es einen flachen Hügel hinab zu einem Hafen. Wir sahen ein Boot auf einem Feld, ein neues Kaufhaus und Wohnungen, leerstehend, Zu

Vermieten. Es war Ebbe, drei Fischerboote lagen unter dem schweren Himmel im Schlick, der vom Regen Blasen aufwarf. Die Bäume auf dem Hügel waren schief gewachsen, der Küste abgewandt, vom permanenten Westwind in ihre Form gezwungen. Auf einer Landzunge mit Blick über die Bucht stand unser Hotel.

„Shit." Richard hielt an und sah über die Schulter auf die Bucht. „Ich kann mir lebhaft vorstellen, wie die Wikinger hier an Land gegangen sind, sich einmal kurz umgesehen und dann wieder verpisst haben. Ein Drecksnest. Aus jedem Winkel."

Der Geruch von totem Fisch und Dieselöl wehte von den glitschigen Felsen an die Küste. Ich versuchte ihn zu ignorieren.

„Keine Ahnung", sagte ich. „Es regnet. Warten wir bis morgen."

Der Empfangstresen des Hotels war nicht besetzt, sodass wir ein paar Minuten im Foyer abhingen. Ich sah mir die ausgestopften Meerforellen an den Wänden an. Riesige Fische, erst vor Kurzem gefangen und nicht schon vor hundert Jahren. Meine Laune stieg, und ich knuffte Richard. „Wenn's hier solche Dinger gibt, dann fische ich notfalls sogar im Anus des Teufels."

Just in dem Moment öffnete eine Dame die Tür zur Rezeption. „Hallo. Wie kann ich Ihnen helfen, Gentlemen?" Sie hatte die Haare zu einem Knoten hochgesteckt und auf den Augenlidern ungeschickt blauen Kajal aufgetragen. Ihre Stimme war hoch und gleichgültig, die Worte von der Bedeutung abgetrennt. Wir sagten, wir seien angemeldet, und erklärten, wer wir sind. Dann folgten wir ihr zu einem Nebengebäude, einer Metallhütte in Fertigbauweise, und liefen durch einen Korridor mit gerahmten Meerforellenfliegen und rüschenbesetzten rosa Gardinen. Es roch feucht und nach Raumspray mit Kiefernduft.

„Da sind wir, Gentlemen.“ Sie seufzte gemächlich, als hätte sie eine schwierige Aufgabe erledigt. Nach einem Moment sagten wir, die Zimmer seien schön. Sie nickte und ging durch den Korridor davon. Richard sah mich an und hob eine Augenbraue. Als die Frau nicht mehr zu sehen war, zog er den Vorhang beiseite und sagte: „Was für ein Ausblick, Chuck! Wenn du dir den Hals verrenkst, siehst du sogar Wasser.“

„Immerhin sind wir jetzt da“, sagte ich. „Geben wir dem Ganzen eine Chance. Die Fische im Foyer … Ich meine, wenn's hier solche Meerforellen gibt … Vielleicht wimmelt es hier ja davon. Ein solcher Fisch, und ich penn den Rest der Woche im Scheißhaus im Garten.“

Am Morgen hatte es aufgeklart. Die Sonne schien durch die Wolkenlücken und klaubte von den Fischerbooten und Hügeln Farben hervor, die wir noch nicht gesehen hatten. Während wir unseren Kaffee tranken, sahen wir durchs Fenster auf das neue Licht; jetzt fühlten wir uns schon besser. Ein ganzer Tag mit grenzenlosen Angelmöglichkeiten lag vor uns. Während wir plauderten, kam ein blauer Ford Escort auf den Parkplatz gefahren, der Lack mit Spachtelmasse ausgebessert, an den rostigen Fugen ausgebeult. Ein mit gelben Öljacken und einer Plastiktüte bepackter Mann stieg aus. Er blieb am Wagen stehen und drehte sich eine Zigarette.

„Wird wohl unser Ghillie sein“, sagte ich. Wir tranken unseren Kaffee aus.

Eine mit einem rot-goldenen Elch bestickte Kappe zog einen festen Strich über seine hellen Augenbrauen, die wettergegerbte Haut, die dünnen Lippen. Er trug schwarze Schuhe, eine Anzughose und einen ausgefransten Rollkragenpullover.

„Duncan?“

„Aye. Und ihr sei' Charles und Richard?“, fragte er

und schüttelte uns die Hand. „Also dann, auf eine gute Woche!“ Er sah uns an. „Nu mal los! Die Fische warten nich’. Fahr’ mer kurz noch vorher am Laden vorbei.“ Dann ging er wieder zum Auto zurück, in das er seinen Außenbordmotor gepackt hatte, und lehnte sich an die Tür, bis wir unsere Sachen zusammen hatten.

Der Laden stand ein Stück von der Straße ab, der Parkplatz davor voller Schlaglöcher. Richard und ich kauften Brot und Käse und stritten wie immer, ob wir helles oder dunkles Brot, Cheddar oder Primula nehmen sollten – „Es heißt ‚Primula‘, mit Betonung auf dem i. ‚Prime Uler‘ klingt wie ein Insektenvernichtungsmittel.“ „Schmeckt ja auch wie ein Insektenvernichtungsmittel.“ –, und standen längst wieder am Auto, als Duncan mit zwei vollen Einkaufstaschen herauskam.

„Duncan hat ordentlich was eingekauft“, sagte Richard. Aber er ging in die andere Richtung, gefolgt von einer spröden Dame mit braunen Schuhen, Brille, gelockten Haaren und schwerem Mantel. Er packte die Einkäufe in ihren Kofferraum. Richard riss eine Tüte Chips auf. „Netter Typ. Trägt der Dame ihre Einkäufe zum Auto. Dann hat er sein Mittagessen wohl in der Hosentasche.“

Duncan kam lächelnd zum Wagen zurück und beugte sich zu Richard ans Fenster. Ich verstand nicht, was er sagte.

„O Gott!“, sagte Richard und verschüttete die Chips quer über die Rückbank. „Das ist ekelhaft, Duncan.“

„Erzähl ihr das. Also, los geht’s!“ Mit diesen Worten stieg er ein und zeigte auf die Straße. An der nächsten Kreuzung ließ er uns links abbiegen. „Ba bohmt bie.“ Den Mund voll Schokolade, wies er auf ein großes Haus an der Ecke. Es stand etwas unterhalb der Straße, schwer gezeichnet von Wetter und Moos und leckenden Regenrinnen. Im Garten drehte sich eine mit weiter weißer Unterwäsche bestückte Wäschespinne im Wind. Duncan seufzte leise, als wir daran vorbeifuhren. Ein Stück die Straße runter fummelte er, noch immer dem Haus nachsehend, am Türgriff, kurbelte das Fenster einen Zentimeter runter und hielt die Schokoladenfolie in den Wind, bis sie rauswehte und auf dem Asphalt landete. Richard drehte sich um und sah ihr hinterher.

„Da vorn musst du mal kurz anhalten." Wir waren auf einer einspurigen Landstraße zwischen zwei Lochs hindurchgefahren. Duncan stieg aus, öffnete ein Gatter, das auf ein Feld führte, und winkte. Während er noch draußen stand, beugte sich Richard vor und flüsterte: „Der Mann ist verrückt."

Ich lehnte mich aus dem Fenster.

„Sieht uneben aus."

„Passt schon."

„Du hast dieses Schadenersatzdingens bei Kollisionen ja nicht unterschrieben."

„Hier kollidiert keiner."

Ich fuhr über eine Kuppe, auf der sich ein Stein in die Motorölwanne drückte.

„Bis hierher reicht."

„Wir haben die Ölwanne geschrottet, um hundert Meter zu sparen?"

„Trag du die alte Dame mal hundert Meter."

Darauf hievte Duncan den Außenbordmotor aus dem Kofferraum und machte sich auf den Weg hügelab zu seinem Boot. Ich sah Richard an und zuckte die Schultern.

Das Wasser war braun wie Tee, der zu lange geköchelt hat. Ein leichter Wind wehte über das westliche Ufer des Loch heran, und die Luft roch nach vermoderndem Blasentang. Zwischen den niedrigen Hügeln rundum steckten Bungalows und Bauernhöfe. „Nehmt die Goat's Toe", sagte Duncan. „Ich glaub, ich hab hier eine." Er öffnete eine rostige Tabakdose und rührte mit seinem schwieligen Finger in den Fliegen. Es waren ausnahmslos Goat's Toe. „Wir fahren nachher bei der Post vorbei, dann könnt ihr euch selber welche kaufen."

Richard wollte eine Bibio benutzen. Duncan zuckte die Schultern und sagte: „Wie du meinst. Aber die Goat's Toe isses."

Ich band die Fliege an und begann auszuwerfen. Während wir über den See trieben, schnipste der Wind Wellen ins Heck. Ich gab mich dem Ritual des Lochfischens hin, spürte den vertrauten Puls, den Rhythmus der Wellen, grundiert von einer Hoffnung, die sich ganz natürlich einstellt, sobald die Schnur nach vorne saust. Über dem leisen Klang des Wassers und meiner Fliegenschnur hörte ich Duncan tonlos pfeifen. Er pfiff hinüber zu einer Schafherde auf dem Hügel, und was anfangs nach müßiger Zerstreuung klang, wurde mit der Zeit nervtötend. Die Schafe schenkten ihm keinerlei Beachtung. Ich fing Richards Blick ein und machte ein verwirrtes Gesicht. Plötzlich nieste Duncan und die Schafe stoben über den Hügel davon.

„Jetzt sind deine Schafe abgehauen, Duncan." Keine Reaktion.

„Hey, seht mal da! Ein Spreizfußhabicht."

„Ein was?"

„Ein Spreizfußhabicht." Duncan wies mit dem Kopf auf eine Seemöwe. „Wisst ihr, warum er gespreizte Beine hat?"

Richard zuckte die Schultern. „Keine Ahnung. Warum?"

„Weil er sehr, sehr dicke Eier legt." Duncan gluckste in sich hinein.

„Oh, Hilfe", raunte Richard.

Wir fischten den ganzen Vormittag. Duncan kicherte vor sich hin, während seine Scherze immer schlechter wurden. Seine Goat's Toe sah aus wie ein kleiner psychedelischer Tintenfisch. Übers ölig braune Wasser hüpfend zog sie eine Kielwelle hinter sich her. Ich vergaß die Zeit, als gegen Mittag eine Schwanzflosse aus dem schäumenden Wasser stach und wieder hinabglitt, wobei sich meine Schnur straffte. Wir trieben nah am felsigen Ufer entlang. Instinktiv hob ich die Rute an und dachte schon, ich hätte den Fisch verpasst. Aber die Rute bog sich unter schwerem Gewicht und blieb eine Weile so. Das Gewicht schwenkte hin und her. Dann erschlaffte die Schnur. Richard und Duncan hatten innegehalten. Alle sahen auf die Wasserfläche. Rasch zog ich die Rute zurück, so weit, bis ich wieder Spannung hatte. Ich dachte, ich hätte ihn verloren. Doch plötzlich schmetterte ein großer Fisch durchs Wasser und schoss wie eine Rakete aufs Boot zu. Er tauchte unter die Wellen und zog nun ans andere Ende des Loch. Die Schnur straffte sich, die Rute bog sich in höchster Spannung. Immer weiter zischte die Schnur von der Rolle. Der Fisch schwamm und schwamm und kam erst nach fünfzig Metern mit einem hohen Sprung aus dem Wasser und zappelte in der Luft.

„Scheiße, scheiße, scheiße, scheiße, scheiße. Das ist eine Meerforelle." Duncan riss am Starterseil.

„Verdammt, im Ernst?" Der Fisch war riesig.

Richard rümpfte die Nase. „Ich weiß nicht, Duncan. Für mich sah's nach nem Lachs aus. Ein Milchner."

„Quatsch, Milchner. Ganz klar Meerforelle. Ein Lachs würde nie so springen. Der würde auf dem Grund sitzen und granteln. Das ist eine Meerforelle. Hundertpro. Verlier' sie nicht! Das ist der Fisch deines Lebens!"

Nachdem er dreimal am Starterseil gezogen hatte, gab er auf, stampfte rüber zu den Rudern und legte sich hart gegen den Wind in die Riemen. Der Fisch tauchte nicht wieder auf. Er schwamm tief unten, und ich pumpte die

Rute, um wieder Schnur zurückzugewinnen, bis wir über dem Fisch standen. Langsam kam er nach oben. Dann stieß sein breiter Rücken durch die Oberfläche, und da stand er, mit gespreizten Kiemen.

„Tja, ein Lachs. Noch dazu ein ziemlich ausgemergelter Absteiger“, sagte Richard zufrieden, der gern Recht hatte.

„Quatsch“, sagte Duncan und schob den Kescher unter den Fisch. Der erste Versuch ging daneben, und Duncan fiel fast ins Wasser. „Ein richtig großer Fisch. Dann eben ein großer Lachs – zumindest für hier.“ Grunzend und schnaubend zog er den Fisch ins Boot. „Das ist der größte Lachs dieses Jahres, jede Wette“, sagte er. „Zwölf Pfund würde ich sagen. Ein Jammer. Was wär das für eine Meerforelle gewesen.“

Ich schwieg. Es kam mir vor, als hätte ich den Fisch schon hundert Meter vorher verloren.

Richard sah uns beide an. „Lachs ist Lachs, Freunde.“

Zu Mittag setzten wir uns in die Fischerhütte, einen quadratischen Kasten direkt am Loch, der mit Seilen überspannt war, um ihn bei Wind am Boden zu halten; wir redeten und aßen unsere Brötchen, auf die wir den Primula aus der Tube geschmiert hatten. Richard war guter Laune, nachdem wir so früh einen Lachs gefangen hatten. „Heute Nachmittag probieren wir noch ein paar von diesen Driften aus“, sagte er. „Da sitzen bestimmt noch mehr. Sieht gut aus, Alter!“

Aber der Nachmittag verlief schleppend. Nichts geschah. Die Wolken zerstoben und ließen den blauen Himmel erscheinen. Am Abend verfing sich die Sonne in den flachen Hügeln, und im Westen über dem Meer sahen wir zwei Regenbögen. Über der Insel aber blieb es hell, die Fische standen am Grund, und wir warfen unzählige Male die Schnur aus, bis der Lachs vom Vormittag zu einer ungewissen Erinnerung verblasste und wir vermuteten, im

Loch seien keine Fische mehr.

Am nächsten Tag fuhren wir auf dem Weg zu einem anderen Loch wieder am Haus an der Kreuzung vorbei. Duncan sah die Wäsche auf der Leine und sang halb flüsternd „Große weiße Unterhosen, unter lilienweißen Busen. Oh ja. Oh ja. Ha ha.“ Dann verstummte er für mehrere Minuten. „Scheinen lange Winter zu sein“, sagte Richard kichernd, was Duncan aber nicht hörte.

An diesem Tag fingen wir nichts, und mit den Stunden ebbte auch Duncans Witzeflut ab. Es war kalt. Vom Atlantik drangen schwere Böen heran. Man konnte auf dem Wasser sehen, wie sie kamen, sie manchmal sogar hören, ein grau übers Meer ziehender Drescher. Der Regen sickerte durch unsere Mäntel, bis alle Gelenke vor Kälte schmerzten. Irgendwann am Nachmittag sah ich auf meinen rechten Finger, der vor Nässe weiß und geschwollen und dessen Innenknöchel vom Zug der feuchten Schnur gerötet war. Zwei Fische interessierten sich für unsere Fliegen, und Richard spürte einen festen Zug, von einem Lachs, wie er meinte. Zu diesem Zeitpunkt hatte sich seine Stimmung schon merklich verdüstert, und der Biss machte es offenbar nur noch schlimmer.

„Die Fische hier sind genauso angeödet wie ich. Wir müssen sie wecken.“ Ich setzte mich auf und suchte in meiner Ausrüstungstasche nach der Dose, deren Fliegen ich immer benutze, wenn die Regenbogenforellen in Blagdon Brutfische jagen. Ich nahm eine fünf Zentimeter große weiße Mazuka heraus.

„Der Scheiß da kommt mir nich in'n See.“ Duncan verschränkte die Arme.

„Komm schon, Duncan, genau das fressen sie auch draußen im Meer. Wird ihnen Freude machen.“ Ich biss die Goat's Toe ab, band den Köder an und warf ihn über die Wellen. Er war trocken und flauschig und hüpfte wie ein Küken übers Wasser, der einzige helle Punkt in einer düsteren Landschaft.

„Haach, leck mich doch", sagte Duncan. In Anbetracht seiner unflätigen Witze und Anspielungen überraschte mich seine Reaktion. Er begann mir sympathisch zu werden.

„Ich wette um ein Pint, dass ich mit der Fliege eine Meerforelle fange."

„Ich trinke nicht."

Wie die Fliege dasaß, wirkte sie irgendwie lächerlich, wie Duncans fantastische Schlüpfer. Zu stolz, um aufzugeben, zog ich die Fliege durchs Wasser zurück und warf erneut aus. Selbst aus der Ferne sahen wir, wie das Schwänzchen durch die Wellen pulsierte. Beim dritten Wurf drehte ein silberner Fisch zur Fliege.

„Hast du das gesehen? Ich hab's ja gesagt! Diese Fliege geht immer." Duncan wandte sich ab, als würde ich seinen Hund misshandeln. Ich sah Richard an, der milde den Kopf schüttelte.

„Okay, gut, den Lachs haben wir mit der Goat's Toe gefangen, dann sollten wir wohl auch dabei bleiben, was?" Ich kurbelte die Schnur ein und biss die nasse Mazuka ab. Die Mazuka hatte den Tag endgültig vernichtet. Duncan rang sich nicht einmal mehr Witze ab, und der Loch brachte uns ohnehin gar nichts. Als wir auf dem Heimweg an der Kreuzung vorbeikamen, stöhnte Duncan nur einmal leise auf, kein Wort mehr über Unterhosen oder Busen. Am Tor vor seinem Bungalow setzten wir ihn ab. Er ging die Auffahrt hinauf, ohne uns gute Nacht zu sagen. Ich fragte Richard, ob ich Duncan beleidigt hätte. Er meinte Ja, aber Duncan würde schon darüber hinwegkommen. Den Rest des Weges fuhren wir schweigend, dachten an die geisterhafte Meerforelle und unseren seltsamen Bootsführer. Ich sah nach Westen. Ein weiterer prächtiger Himmel über einem ausgebrannten Wagen.

So gingen die Tage ins Land.

Das Angeln im See hat einen Rhythmus, der ebenso Bann wie Knebel sein kann, wobei es keine klare Trennlinie zwischen beidem gibt. Wir trieben ohne einen Biss über den See und bewegten uns mit jeder Drift über diese trübe Linie, bis Richard, der den letzten halben Tag erstarrt im Heck gesessen hatte, aufsah und meinte, ehe er noch länger in diesem Boot herumsäße, würde er es vorziehen, seinen alten Kumpel in der Tür einzuklemmen. Warum machten wir nicht einfach eine Tour mit dem Wagen? Duncan wendete das Boot und sagte, es tue ihm leid, dass es keine Meerforellen gebe, normalerweise würde es wirklich besser laufen. Er führte uns über die Insel, erzählte uns Anekdoten und seufzte jedes Mal, wenn wir an der Kreuzung vorbeikamen. Einmal stand die Dame im Garten, und wie aus einem Teekessel entwich es ihm pfeifend:

„Ooooh. Welch Augenweide … Mein liiieber Mann. Ooooh. Ooooh. Diese kleinen Titten. Oh la la. Kleine weiße Brötchen. Ha ha. Den BH, den brauchst du nich', wenn ich wieder zu dir komme!"

Am nächsten Morgen schnappten wir uns im Hafen einen Kerl mit einem kleinen Boot, der mit uns ausfuhr, um auf Makrelen zu gehen. Damit ließ sich die Rute biegen. Wir kamen mit einem ganzen Eimer zurück an Land, wo Jim, der Leiter der Fischerei, auf seiner Pfeife kaute. Duncan freute sich über den freien Tag; nur Jims Stimmung änderte sich, sobald wir reinkamen und nichts Ordentliches gefangen hatten. Jim wollte sich nicht damit zufrieden geben, den Traum einfach zu begraben – wir mussten in jedem Winkel suchen und uns kleinste Bruchstücke zusammenklauben, um sie aneinanderzufügen und zumindest wieder eine vage Ahnung dessen zu bekommen, wie es sein sollte. Vielleicht hatte er Recht.

Am letzten Tag fischte ich allein nach ein paar solcher Bruchstücke. Richard setzte sich vor den Fernseher, um Golf zu schauen.

Als ich am Abend zurückkam, stand Bruce im Foyer, ein Stammgast, der mit Jim trinken ging und gerade das Buch mit den Fängen durchblätterte. „Guten Abend“, sagte er. „Jim hat die Eintragungen aktualisiert, euer Fisch ist jetzt auch drin.“

„Deine Fische da auf den Fliesen?“, fragte Richard träge, um Interesse zu heucheln. Ich warf einen Blick ins Buch, sah meinen Fisch, das Gewicht leicht geschönt, darunter eine Serie von drei Meerforellen neben Bruce’ Namen. „Gleich drei Stück? Glückwunsch! Wie hast du sie gefangen?“

„Mit meiner eigenen kleinen Fliege. Nichts Besonderes. Hat halt funktioniert. Und ihr habt aufgegeben, hab ich gehört? Golf gekuckt?“

Richard stand im Türrahmen. Er zuckte Bruce zugewandt die Achseln, der sich umdrehte und ging. Als Richard sicher war, dass Bruce es nicht sah, schnitt er den Fischen eine Grimasse. Nachher rief er mich zu sich. „Sieh dir das an“, sagte er. „Und dann sag mir, ob das Meerforellen sind.“ Auf der Steinplatte lagen drei Fische, darunter eine herrliche Meerforelle, rautenförmige Schwanzflosse, fest, wie ein wilder Fisch sein muss. Die beiden größeren Fische hatten Narben, keine Schuppen und verschlissene Flossen. Ich hob einen an der Schwanzflosse hoch. „Wenn das eine Meerforelle ist“, flüsterte Richard, „dann bin ich Batman. Sind die da im Buch als Meerforellen eingetragen?“ Ich nickte. „Daher weht also der Wind.“ Richard atmete auf. „Wir haben das Rätsel geknackt. Die Hälfte der Fische hier sind ausgebüchste Farmlachse. Ich nehm mir ein paar Schuppen mit und lass sie in Pitlochry untersuchen. Wenn das wilde Fische sind, dann fress ich einen Besen. Wüsste ich schon gern. Das wär echt das Beste an dem ganzen Trip." Er zupfte jedem Fisch ein paar Schuppen ab und schnippte sie in meine Fliegendose.

Jim saß in der Bar. „Du hast heute Golf gekuckt oder was?", fragte er Richard.

„Ja, hab's aufgegeben. Schlechter Charakter. Keine Ausdauer. Klassenletzter."

Jim pustete den Rauch durch seine zusammengepressten Lippen. „Vor der Glotze fängste jedenfalls keine, das is' mal klar."

Richard erzählte ihm, dass wir Bruce' Fische gesehen hatten. Er schien den Dreh ja rauszuhaben. Jim erwiderte, Bruce wisse eben genau, wie man die Sache angehen müsse, dass das Ganze hier kein Ferienlager sei. Dann fragte Richard, ob sich manchmal Zuchtfische in die Habitate der Meerforellen verirrten. Vielleicht mal einer oder zwei, sagte Jim, nicht dass es irgendwie auffiele. Richard fügte hinzu, der Fischzüchter, mit dem er heute gesprochen habe, habe im Schmutzwassertank seiner Junglachsaufzucht einen springenden Lachs gesehen. Es folgte ein langes Schweigen, dann sagte Jim: „Tja, Jungs, ihr fahrt also heute Abend wieder?" Ja, so sehe es aus, sagten wir, wir führen wieder nach Hause, eigentlich schade. „Aye", sagte Jim.

Wir setzten uns mit unserem Bier in eine Ecke der Bar und sahen durchs Fenster auf die rot-orangen Lichter der anlegenden Fähre. Sie waren verzerrt vom Regen, der die Scheibe runterrann. Duncan kam vom Tresen zu uns und fragte, ob er uns einen ausgeben dürfe. Richard erwiderte, wir würden ihm einen ausgeben.

„Danke, nur'n Kaffee", sagte Duncan.

„Danke, Duncan", sagte ich und gab ihm die Hand. „War schön mit dir. Das Fischen war Mist, aber deine Witze waren super."

„Tja, tut mir leid, Jungs. War wirklich ne zähe Angelegenheit. Dann nächstes Jahr. Ihr kommt doch wieder?“

Während die Fähre ablegte, stand ich mit Richard an Deck und sah in die Hotelfenster. „Leck mich, Mann, hier komme ich mein Lebtag nicht mehr her“, sagte Richard und lehnte sich mit dem Rücken an die Reling. „Hast du die Schuppen noch?“

Ich nickte.

„Schmeiß sie über Bord.“

Wir gingen hinein, um auf dem kühlen PVC der Barstühle einzuschlummern, während das Schiff im Takt der Motoren vibrierte.

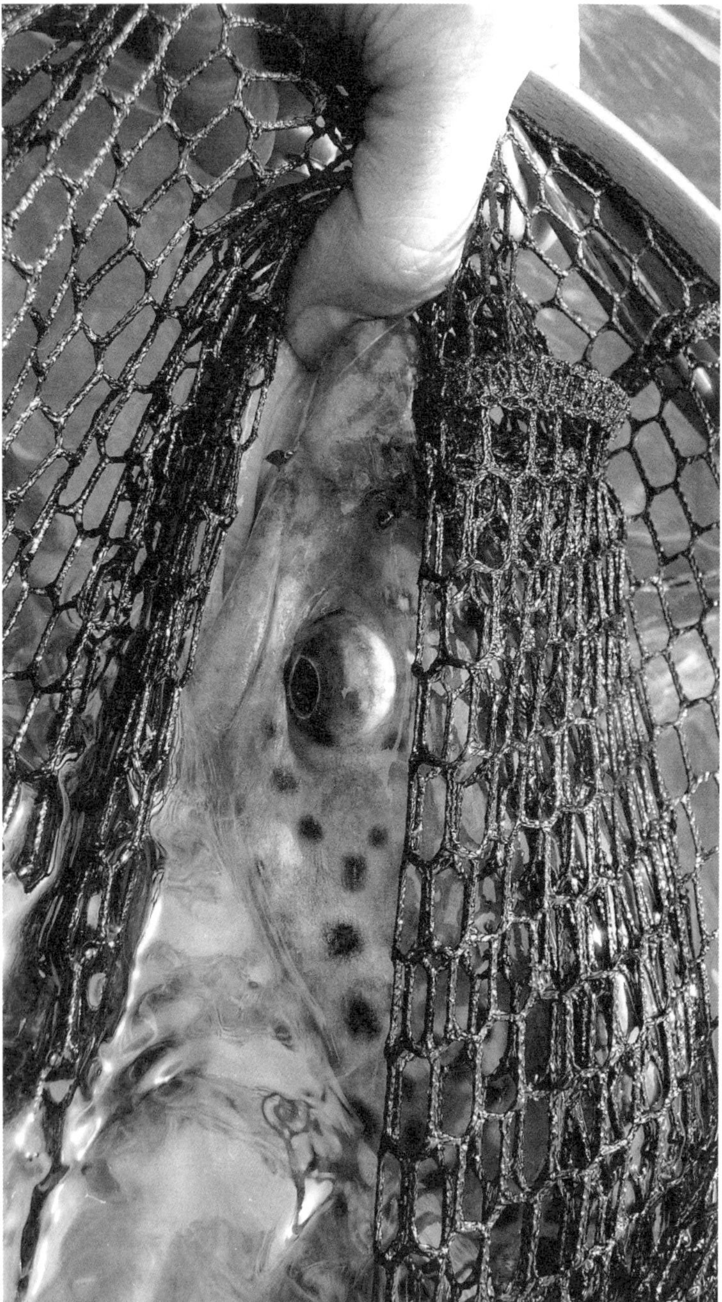

IRGENDWO ANDERS

Die graue, regengestreifte Wolkenbank lungerte wie ein nasser Hund über dem Kreidegrund, der sich von meinem Heimatort quer durchs Land bis nach Südwesten zieht. Alle sprachen über das Wetter und den Schlupf der Maifliege, der auf sich warten ließ – dem Kalender nach hätte er schon zu Ende sein müssen –, und alle fragten sich, ob es das jetzt schon gewesen sei oder ob er noch komme. Tony und Ronnie sind da zuverlässige Informanten. Ich rief sie an. Tony hatte ein paar Maifliegen auf dem Piddle schlüpfen sehen; Ronnie einen guten Nachmittag auf dem Frome gehabt. „Kann alles nicht sein", sagte Tony. Ronnie meinte, es sei auf jeden Fall ein seltsames Jahr.

Eines späten Vormittags brach die Wolkenbank und ich fuhr durch die Fens Richtung Süden, zu einer besonderen Biegung in einem Fluss, die vierhundert Kilometer und fünf Autostunden entfernt war. Es sollte die erste Etappe auf einer Rundreise sein, die ich mehr oder weniger geplant hatte, mit einigen vage gehaltenen Abschnitten, um etwa auf graues Wetter reagieren zu können. Während der Fahrt schaute ich in den Himmel – man kann in den Fens kaum anders –, sah auf die markigen Linien der Federwolken, die sich von einem Horizont zum nächsten schwangen, und die gespiegelte Geometrie der Entwässerungsgräben. Der Blick auf diese ausdruckslose Ordnung ist, als schaute man aufs Meer oder über einen See.

Im Südwesten dagegen scheint sich der Himmel zusammenzuziehen, nur diese besondere Biegung liegt wieder in einer den Fens ähnelnden Landschaft. Der Fluss ist von einem steilen Hügel herabgeflossen. Das Gefälle hat sich aufgelöst. Zwischen den dicht an dicht stehenden Hügeln fließen die Nebenströme heran, wie Falten in einer Bettdecke, die sich plötzlich nach Norden und Süden glätten und eine anderthalb Kilometer breite Ebene freigeben. Masten erstrecken sich durchs ganze Land, Hecken durchbrechen die flache Monotonie. Die Landstraße und die Eisenbahnlinie haben sich mit den Hügeln abgewandt und es ist still. Man sieht Sperber, Hasen, Rotwild. Flussauf markiert ein Geschwür auf den Hügeln ein altes Gräberfeld. Ganz in der Nähe haust der Geist eines betrunkenen Reiters.

Ich hatte an der Biegung dieses Jahr schon einen Fisch gesehen, als ich mit Patrick dort war. Wir waren über das Feld hergelaufen.

„Ein Blick lohnt sich immer“, hatte ich zu ihm gesagt. „Es gibt hier nicht viele, aber wenn, dann richtig große.“

Es war windig, wie meist hier unten. Ein paar kleine Olivfarbene versuchten sich von der Wasseroberfläche abzustoßen. Wir sahen auf die nichtssagende Biege, und Patrick kamen Zweifel. „Komm, lass uns zum Nebenfluss zurückgehen“, sagte er. „Da wissen wir wenigstens, dass sie beißen.“ Ich meinte, wir sollten zumindest ein paar Minuten warten. Weiter unten tippte ein Fisch an die Oberfläche. Einmal. Kurz darauf ein zweites Mal. Er kam langsam nach oben, immer in großen Abständen, als hätte er vergessen, dass er fressen wollte, und erinnerte sich plötzlich wieder daran. Seine Größe war nicht auszumachen.

Schulterzuckend beschlossen wir, es zu versuchen. Wir glitten in den Fluss, gingen lange gegen den Strom, bis der Fisch nicht mehr stieg. Ohne Grund. Da verließen wir das Wasser wieder, um anderswo zu fischen – es war Patricks letzter Tag. Ich wusste, ich würde noch einmal allein herkommen.

Manche Fische kann man nur im Alleingang fangen, und irgendetwas reizte mich an diesem Standort. Ich beobachtete ihn seit Jahren, war durch die Mitte des Stroms gewatet, mit den Füßen über die gewellten Rillen des Flussbetts gefahren; ein Vierteljahrhundert alte Narben, hinterlassen von den Schleppseilen, die aus einem Fluss einen Kanal machten. Am Ufer fand ich die aufgehäuften runden Flintsteine und am Fuß der Bäume den aufgeschütteten Kies. Hier eine wilde Forelle zu fangen und zu berühren, ist etwas anderes als in einem Fluss, in dem es sie zuhauf gibt. Weil es unwahrscheinlich ist und mir das Gefühl gibt, dass die Natur über alles hinwegkommt. Inzwischen bin ich beim Angeln mindestens ebenso oft auf der Suche nach diesem Gefühl wie nach einem Fisch.

Diesmal musste ich mich nicht beeilen. Ich hatte den ganzen Abend Zeit. Ich montierte die Rute, während ich über den Weg lief, und watete – um kein Risiko einzugehen – sechzig Meter flussabwärts auf die andere Seite und dann langsam flussauf, wobei ich vor jedem Schritt abwartete, bis sich die Kräuselung gelegt hatte. Es war warm. Ein paar erschöpfte Maifliegen segelten in der Ferne die Wasserkante entlang. Ich stand still am Schilf, das einzige Geräusch das meine Beine umkräuselnde Wasser.

Dann bulubb. Ich wartete fünf Minuten auf das nächste Steigen – die Oberfläche war wieder ruhig. Ich nahm mir vor, jeden Ring einmal anzuwerfen und dann zu warten – nur so konnte ich sicher sein, dass ich den Fisch nicht vergrämt hatte.

Es brauchte drei Würfe, und nach dieser Viertelstunde wusste ich immer noch nicht, wie groß die Forelle war. In einem grazilen Strudel tauchte die Fliege unter. Ich hielt inne, dann hob ich die Rute ein kleines Stück an. Das Gewicht am Ende der Schnur war reglos und fest. Die Wasserfläche wölbte sich und fiel wieder in sich zusammen. Erst blieb die Biegung in der Rute gleich, dann nahm sie ab. Plötzlich sprang zwei Meter vorm Strudel eine Forelle in die Höhe und zwirbelte auf mich zu, halb im, halb überm Wasser, während ihre Schwanzflosse über den Fluss tänzelte. Dann stob sie derartig rasant die neun Meter zurück, wo sie die Fliege genommen hatte, dass sie ans andere Ufer auf den Schlick schlidderte. Ich sah ihre braunen Flanken, den prallen Körper. Einen Moment blieb sie wie verdutzt liegen, schnappte nach Luft, dann kippte sie sich ungelenk zur Seite und glitt wieder ins Wasser. Jetzt schwamm sie schnell flussabwärts, direkt an meinen Beinen vorbei, die Schläge ihrer Schwanzflosse so schnell, dass ich sie hören konnte. Sie klangen wie ein gedämpfter Propeller. Ich bewegte mich genau im richtigen Moment. Die Fliegenschnur kräuselte sich flussaufwärts, obwohl der Fisch jetzt unterhalb von mir war und schnell davonschwamm.

Ich holte die Forelle just an der Stelle ein, an der ich vor einer halben Stunde ins Wasser gegangen war. Sie hatte einen hellen Olivton, mit dichten schwarzen Flecken wie bei einem Leoparden und ein paar kleinen roten Punkten entlang der Rückenlinie. Sie war sehr, sehr dick. Wenn ich vier Finger unter ihren Bauch hielt, war ihre Rückenflosse auf einer Höhe mit meinem ausgestreckten Daumen. Sie ähnelte in der Form einem Barsch und wog mindestens vier Pfund. Der Haken löste sich aus ihrem Maul. Ich machte einen Schnappschuss, hielt sie für einen Moment unter Wasser, um sie zu Kräften kommen zu lassen. Dann schwamm sie davon.

Eines Tages werde ich herkommen, um den Fluss wiederherzustellen, ich weiß nur nicht wann. Seit ich von hier weggezogen bin, wird die Gegend immer öder. Als ich noch hier wohnte, haben wir vor ein paar Jahren weiter oben einen Flussabschnitt ausgebessert. Wir scharrten den Kies vom Ufer in den Fluss und häuften ihn in langen Riffelungen auf. Wie ein Heftpflaster. Die Frau, der dieser Abschnitt gehört, erinnert sich noch, wie der Wasserverband mit den Baggern kam und am Ufer entlang eine Kiesnarbe aufschüttete. Sie erinnert sich, dass die Ingenieure ihrem Mann sagten, fürs Angeln wäre das gut. Ihm brach es nur das Herz. Der Fluss war nicht mehr derselbe. Ein lebender Fluss verändert sich in einem stetigen Prozess. Abtragung hier, Ablagerung dort. Auf diese Weise findet er mit der Zeit seine Form. Aber seelenlose Menschen können einen Fluss töten, oder zumindest fast. Man kann ihn aufschneiden und ihm das Rückgrat rausreißen, bis er schlaff und bewegungsunfähig daliegt. Die Wassertechniker haben ihm sein Mark ausgesaugt.

Ich saß am Ufer und drückte die Dreckskerle in Gedanken unter Wasser, bis keine Blase mehr aufstieg. Es ist nicht gut, sich derart aufzuregen. Wir müssen mit diesen Menschen zusammenarbeiten. Uns von ihnen unsere Anträge für Naturschutzmaßnahmen genehmigen lassen. Aber wenn ich das Sagen hätte, würde ich sie alles Stück für Stück mit dem Mund wieder zurücktragen lassen.

An diesem Abend warf ich nicht mehr aus. Ich war für drei Würfe vierhundert Kilometer weit gefahren. Doch meinen jährlichen Schuss hatte ich mir gesetzt, womit ich nur bestätigte, was mir ohnehin schon klar war. Was das Angeln betraf, war dieser Tag zu Ende. Drei Würfe genügten. Jetzt steuerte ich meinen Land Rover wieder Richtung Norden, eine weitere lange Fahrt zu einer anderen Biegung in einem anderen Fluss, der sich mir aus ganz anderen Gründen ins Gedächtnis gebrannt hat. Nicht, weil er ein leuchtender Hoffnungsschimmer in einer belagerten Welt wäre – wobei das vermutlich für alle Flüsse gilt, die wilde Forellen führen –, sondern weil die Gegend etwas leicht Unwirkliches hat.

Der Pool trägt einen orientalisch klingenden Namen. An seinem unteren Ende führt eine Stahlbrücke von viktorianischem Prunk über den Fluss, wo das Wasser über glänzende Felsen in einen Wasserfall mündet. Beide Ufer sind von hohen Bäumen gesäumt, teils sommer-, teils immergrün, und führen steil in die Höhe. Das Licht ist unweigerlich stumpf und wässrig blau. Bei dem hier häufig aufziehenden Nebel tauchen die Bäume unter und wieder auf, als wären sie vom Land getrennt. Die Geräusche werden von der Flussenge, durch die sie geleitet werden, zugleich gedämpft und verstärkt, sodass man klar hören kann, wenn jemand in der Ferne spricht, ohne zu verstehen, was er sagt. Das Wasser scheint auf dich zuzuseufzen und windet sich dabei wie ein eisiger Lavastrom. Wenn ich in diesem Fluss angle, befinde ich mich in einer Welt, die von der unseren abgerückt scheint – als läge unter den harten Felsen unter meinen Füßen ein schmaler Streifen Luft. Ich komme mir vor wie ein Angler in einem chinesischen Aquarell.

Mark hatte wie immer einen straffen Zeitplan. Wenn man ihn anruft und vorschlägt, angeln zu gehen, liegt etwas Zögerliches in seiner Stimme, wohinter aber schon die Unausweichlichkeit seines Beschlusses hervordringt, seinen

Schreibtisch zu verlassen und mitzukommen. Sein Büro wird zum Opfer seines Wohnumfelds und der zulässigen Ausflucht, dass es ja zu seiner Arbeit gehört – Mark ist Angelautor –, das Haus zu verlassen und fischen zu gehen. Mark sieht von seinem Schreibtisch Forellen aufsteigen, und es ist ehrlich gesagt erstaunlich, dass er überhaupt noch etwas anderes auf die Reihe kriegt.

Ich kam gegen fünf Uhr zu ihm, und um sechs richteten wir uns schon am orientalischen Pool ein. Es war einer jener blauen Abende, mit einer Schwere in der Luft, die die schlüpfenden Olivfarbenen zwang, erst eine Weile auf dem Wasser zu sitzen und die Flügel zu trocknen. Ab und zu stieg eine Forelle zu diesem kargen Schlupf auf, und wie immer bestand die Kunst darin, herauszufinden, auf welchen Fisch zu werfen es sich lohnte. Ich weiß nicht mehr, wer den ersten fing, nur dass Mark in der ersten Stunde die Kräuselungen im Wasser anwarf und ich den glatten Lauf unter der Eiche am anderen Ufer nahm. In dieser Zeit fingen wir zwei oder drei Forellen, der Drag auf der Fliege war so beschwerlich wie immer, und die Forellen schienen noch wählerischer als sonst. Das untere Ende des Gumpens ist von fesselnder Vielschichtigkeit. Und unter der Eiche gibt es riesige Forellen, von denen ich allerdings noch nie eine gefangen habe. „Ich könnte in diesem Gumpen leben", sagte Mark, als ich gerade laut darüber nachdachte, was ich daran so einnehmend fand.

Ein paar Minuten später erregten diverse Flüche, hastige Würfe und Marks konzentrierte, reiherhafte Haltung meine Aufmerksamkeit. Er kämpfte mit einem Problem, das ich nicht verstand. Ich stakste zu ihm hinüber.

„Was ist los?"

„Die Köcherfliegen schlüpfen." Die Gewissheit und Erregung in seiner Stimme zeigten, dass er genau wusste, was hier vor sich ging, und dass es eine große Sache war.

„Hier, geh ganz nach oben an diesen Lauf. Die großen Fische sind zu der Kante raufgeschwommen, wo das Wasser runtersprudelt."

Er deutete auf einen schmalen Lauf, wo im fünfzehn Zentimeter tiefen Wasser deutlich Steine zu erkennen waren. Ich band eine trockene Köcherfliege an, und beim ersten Abtreiben rollte sich ein brauner Rücken über die Fliege und versuchte sie zu ertränken. Beim zweiten oder dritten hakte ich einen kräftigen Fisch, der sofort zum Kopf des Laufs schwamm und über kaum überspülte Steine in die Höhe schoss, dass eine Bugwelle aufwirbelte. Seine Schwanzflosse schlug Gischt auf wie ein intelligenter lebender Torpedo. Der Fisch wog über ein Pfund, wie auch der zweite, den ich hinter demselben Stein hakte. Nach dem dritten – größeren – schämte ich mich, so viele Fische aus ein und demselben Lauf zu holen, warf aber trotzdem vor allem aus Neugier und Ungläubigkeit wieder aus, nur um prompt einen vierten zu fangen.

Mark war auf die andere Seite gewechselt, aber auch er schien der Meinung, dass es jetzt genug sei. Er rief mir zu: „Hast du's schon mal im Lauf unter der Brücke versucht?"

„Wusste nicht, dass da einer ist."

„Doch, doch", sagte er mit einem Gesichtsausdruck, als würde er mich in ein Geheimnis einweihen.

Unter der Brücke wogte der Fluss in einem langen Bogen dahin und wurde am gegenüberliegenden Ufer gegen eine Felswand gedrückt, von der die Zweige der Rhododendronsträucher ins Wasser hingen. Wir gingen vom Pfad hinab, um einen Blick auf den Lauf zu werfen. Wo wir hinsahen, stiegen eifrig Forellen, und vor der versiegenden Helligkeit über dem flussauf liegenden Hügel war die Luft von flüchtigen Lichtspritzern durchsetzt – Köcherfliegen, die vom Wasser ans Ufer stoben.

Wir fischten zwei Stunden, völlig vertieft in das

unmäßige Steigen der Forellen. Im letzten Licht versuchte ich noch ein paar Würfe auf einen Fisch, der sich zwanzig Meter flussabwärts befand. Er hatte den ganzen Abend über rührig nach Köcherfliegen an der Oberfläche geschnappt und viel Wasser bewegt. Bislang war mir aber noch kein guter Wurf auf ihn gelungen.

Er stand am hinteren Ende eines Dreiecks, das am Grund des Gumpens von einer Sohlschwelle gebildet wurde. Ich warf über die Schwelle flussabwärts, wobei mir der mittlere Teil der Schnur immer davonschwamm und die Fliege mit sich zog. Jetzt aber hatte ich die Fliege einmal nah genug an die Nase des Fisches gebracht, sodass er sie sich schnappte, bevor der Fluss es tat.

Die Forelle raufte ein paar Minuten im oberen Gumpen mit der Fliege, dann schwamm sie wie einige andere, die ich an diesem Abend gefangen hatte, über den unteren Absturz. Sie fühlte sich schwer an.

Die anderen Forellen waren immer in der Kehrströmung zu meinen Füßen gekommen, aber die hier fuhr geradewegs den Fluss hinab und zog mit dem Gewicht des Wassers hinter ihr hundert Meter Schnur ab, bevor ich es ans andere Ufer schaffte, um ihr nachzujagen. Ich patschte durch hüfttiefes Wasser über glitschige Steine und fiel fast hinein.

Als ich das andere Ufer hochstieg, den Blick auf den Boden und die Rutenspitze geheftet, die ich so hoch wie möglich hielt, stieß ich fast mit einem Mann in Kochhose zusammen. Er war mit seinem Staffordshire Bull Terrier unterwegs.

„Sie machen's auf die harte Tour, was?"

Ich sah ihn an, lächelte und nickte. Ich war zu beschäftigt, um zu sprechen. Ich wollte diesen großen Fisch nicht verlieren. Der Koch folgte mir flussab. Er plauderte vor sich hin, was mich wenig interessierte, bevor ich nicht den Fisch gefangen hatte, weshalb ich nicht hörte, was er sagte. Inzwischen war meine Forelle wieder voraus und schwamm immer weiter, aber ich machte langsam Boden gut. Während ich näherkam, achtete ich darauf, nicht zu viel Druck auszuüben, damit sie nicht wieder davonpreschte.

Endlich befand ich mich unterhalb des Fisches. Jetzt bestand die Chance, dass er, wenn ich stramm anzog, flussaufwärts flüchten und ermüden würde. Doch stattdessen schoss er quer zur Seite und fuhr um einen Stein. Die Schnur verfing sich an der Kante. Der Koch rief „Oh, Shit." Aber die Schnur gab nach, glitt über den Felsen, der Fisch gehörte wieder mir. Die gespannte Schnur schnappte übers Wasser, die Forelle sprang fast einen Meter in die Höhe und klatschte mit einem dumpfen Schlag auf.

„Guter Fisch!", sagte mein Freund. Das war die größte Forelle, die ich hier bislang gehakt hatte. Über drei Pfund, und in diesem Fluss kämpfen sie doppelt so kräftig.

Ich holte sie an die Wasserkante. Es war ein langer, fester Fisch, der Rücken schrankdunkel, die Seiten khakifarben. Die Forelle war erschöpft, sodass ich sie einige Zeit in die Strömung halten musste. Als sie schließlich davonschwamm, biss ich die Fliege ab und lief zurück, um Mark zu suchen. Das genügte für diesen Abend. Der Koch lief weiter flussab und sagte, man sehe sich.

Wir schafften es noch rechtzeitig auf ein Pint und ein Sandwich in der Bar, wo wir an einem für einen warmen Juniabend unpassend heiß lodernden Feuer saßen. Laut und falsch singende Hochzeitsgäste fielen durch die Eingangstüren. Mark und ich kamen nur langsam wieder zu Bewusstsein, wie ein Patient, der aus der Narkose erwacht. Wir sprachen über all die großartigen Flüsse hier, dass wir niemals in allen würden fischen können und warum diese Gegend so verlockend war.

„Ich kenne jemanden, der etwas weiter unten an

diesem Lachsfluss wohnt“, sagte Mark. „Er ruft mich jedes Jahr im Frühling an und sagt: ‚Hey Mark, die Märzbräune schlüpft gerade, und die großen Fische drehen komplett durch.‘ Jedes Mal sage ich, dass ich in ein paar Tagen da bin. Einen Monat später ruft er mich wieder an und fragt: ‚Warum kommst du nie zum Schlupf? Du Idiot.‘ Worauf ich nur erwidern kann: ‚Ich komme nicht dazu, weil ich immer irgendwo anders bin.‘“

ANNIE'S CREEK

Gegen zwei Uhr nachmittags, die Sonne brennt wie ein Scheinwerfer auf eine Stelle neben meinem Nacken, kommt Dundee in seinem neuen Boot um die Ecke der Knife Island gefahren. Seine Freundin Ginny ist mit an Bord. Als sie uns sehen, wenden sie im Meeresarm. Wir haben an diesem Morgen die gesamte Bucht abgefischt und sind immer wieder an diesem Felsen gelandet, wo wir einen Schwarm winziger Trevally finden. Wir werfen sie an, um überhaupt einen Fisch an der Leine zu spüren – uns ist gerade alles recht, obwohl wir eigentlich nach Barramundi suchen.

„Hey Ronnie, diese kleinen Teufel ziehen wie verrückt."

„Die GTs bringen's einfach. Echte Straßenkämpfer. Immer voll drauf."

Ich habe schon den vierten oder fünften gefangen, als Dundee den Motor abstellt. Die Heckwelle klatscht seitlich gegen unser Boot. Das plätschernde Wasser dröhnt in die Stille. Auf den Wellen hüpfend drehe ich mich um und begrüße die beiden, meine 9er-Fliegenrute kaum merklich gebogen, während der GT an der Oberfläche kreist.

„Tag, Jungs!“, sagt Dundee. „Hey! Was gefangen?“

Auf dem Vordeck richtet sich Ginny in ihrem Bikini mit dem Muster der britischen Flagge auf und lächelt mir zu, während sie meine Antwort abwartet. Mit der Hand die Sonne abschirmend, blinzelt sie ins Licht. Sie hebt ein Knie, und ihre Schenkel öffnen sich wie eine geölte Schere. Sie hat hinreißend braune Schenkel. Ich spüre den Schweiß auf meiner Stirn.

„Ach, das“, sage ich und komme mir plötzlich vor, als müsste ich beim Arzt die Hose runterlassen. „Nicht der Rede wert. Spielen nur ein bisschen rum. Winzige Dinger.“

Dundee sieht auf die Fische, nickt und wendet sich zu Grant, der am Steuer sitzt. „Und, Grant, wie läuft's?“

„Schlecht, Dundee, schlecht. Nix am Haken. Aber immerhin haben wir alles gegeben, was, Jungs?“ In seiner Stimme liegt Zwangsoptimismus. Ich weiß, dass er mit Dundee geredet hat, abends, als er Ronnie und mich beim Bier sitzen gelassen hatte. Es folgen ein paar bedeutungsschwere Sekunden Schweigen.

„Sieht so aus“, sagt Ronnie schließlich.

Ich versuche den mickrigen GT abzuschütteln, als Dundee wie nebenbei sagt, dass er draußen am Rand der Bucht jede Menge Queenfish an der Oberfläche gehabt habe und dass Ginny, die fast noch nie angeln gewesen sei, mit der Fliegenrute ein fünfzehn Pfund schweres Exemplar gefangen habe. „Tolles Ding, was, Darling?“, sagt Dundee.

„Ein sehr schöner Fisch“, sagt Ginny.

„Den Spot musst du dir ansehen, Grant“, sagt Dundee. „Du weißt schon wo. Da draußen lungern richtig große Fische.“ Dann tippt er seinen Doppel-Außenborder wieder an und sagt, er müsse dringend zurück an Land, um an seinem Wohnwagen zu schrauben.

„Ich glaub's ja nicht", raunt Grant, als sie weg sind. „Ich hab ihm von dem Spot erzählt. Den scheiß Spot weiß er von mir."

Ronnie und ich setzen uns, um aufs Wasser zu sehen, und denken an die großen Queenfish und unsere kleinen GTs. Die Hitze drückt uns nieder wie ein heißer Motorblock.

„Na toll", entfährt es Ronnie plötzlich. „Der feine Crocodile Dundee kommt mit seinem 25.000-Dollar-Boot angepaddelt, auf dessen kolossalem Castingdeck er seiner Ginny sicher mehr an die Hand gegeben hat als nur seine Angelrute, und dann erklärt er uns, dass sie gerade einen fünfzehn Pfund schweren Queenfish gefangen hat, obwohl sie ihr Lebtag noch nicht angeln war. Und wir stehen hier in unserem ganzen Elend mit einer 2.000 Pfund teuren Ausrüstung und unseren mickrigen GTs wie die Kleinkinder an der Mole. Sollen wir uns jetzt für ihn freuen oder was?"

Grant zuckt die Schultern und schlägt vor, dass wir irgendwo anders ein paar Würfe probieren. Er will, dass es endlich wieder besser läuft, ist aber gerade selbst ziemlich angefressen.

„Mann, wir hätten einfach rausfahren sollen", sagt er plötzlich. „An diesem Tag auf der Skala fahr ich immer dahin. Da muss man hin! Warum hab ich auf euch gehört und die verkackte Rinne mit den vertrockneten Quallen abgefischt? An solchen Tagen auf der Tideskala muss man einfach da raus."

Ich sehe Ronnie an, und Ronnie sagt „Perfekt!"

Von hier an ist alles möglich. Ich werfe meine Fliege an einen Mangrovenbusch, obwohl ich genau weiß, dass ich nichts haken werde, und frage mich, wie es so weit kommen konnte. Ich erhoffe mir vom Angeln nicht viel, oder anders gesagt, was ich daran mag, ist einfach: wie die Welt auf eine Verbindung mit einem Wesen schrumpft, dessen Leben sich um Dinge wie Gezeiten, Wetter, Mondphasen dreht. Eine solche Verbindung herzustellen ist schwierig. Wäre es leicht, dann wäre es langweilig. Aber gerade ist mir zu heiß, bin ich zu genervt und zu weit weg von zu Hause, um philosophisch zu werden. In den letzten Tagen habe ich manches Mal gedacht, scheiß auf die Mangrovensümpfe und die wilde Schönheit dieser Gegend, ich brauche den feisten Zug eines großen Barramundi. Oder, wie mir jetzt durch den Kopf schießt, Ginnys warme braune Schenkel. Beides werde ich nicht kriegen.

Alles begann in Darwin. Es war noch dunkel. Als wir unsere Taschen durch die Drehtür zogen und das klimatisierte Foyer verließen, traf uns die nächtliche Hitze wie ein Schlag. Grants Pick-up stand auf dem Vorplatz, das Boot angehängt und mit Kunststoffplane abgedeckt. Nachdem wir zwei Tage mit Flügen, Kabelfernsehen und Darwins Einkaufszentren verplempert hatten, warteten wir ungeduldig darauf, dass es endlich losging.

Auf der Fahrt durch die Vororte hinaus in die Nacht wirbelte die warme salzige Luft durch die Kabine. Als wir an einem Schild nach Alice Springs vorbeikamen, noch über 1.200 Kilometer, dachte ich bei mir, die Straße würde schnurgerade ohne eine einzige Kurve dorthin führen. Ronnie sagte, Australiens Weite könne man nur auf einer mehrere Tage dauernden Autofahrt so richtig spüren, worauf Grant die Schultern zuckte und meinte, wenn man einen Teil von dieser Weite gesehen hätte, wäre der Rest doch ziemlich ähnlich. „Habt ihr Hunger?“, fragte er irgendwann. Es war Viertel nach fünf. Wir bestellten uns an einer Tankstelle Tee und nahmen uns fertig eingepackte

Sandwiches mit Speck und Ei von einem Stapel. Ich vermutete, dass sie allesamt für die Fischer waren, die stadtauswärts fuhren: Draußen an den Tanksäulen standen zwei weitere Wagen mit Fischerbooten im Schlepptau. Grant nickte ein paar Jungs zu.

Wieder auf der Straße, gingen unsere Gedanken voraus, wir begannen die zwei Wochen zu planen, die uns am Ende dieser ganzen Fahrten und Flüge erwarteten.

„Was meinst du, Grant?", fragte Ronnie. „Für'ne Barra-Trophäe, reichen da zwanzig? Einen Zwanziger kriegen wir sicher. Und die Queenie-Trophäe? Für fünfzehn?"

„Sind schon paar große Fische drin", sagte Grant.

Wir fuhren noch eine Stunde, bevor wir auf einen Feldweg einbogen. Die Scheinwerfer prallten auf ein Schild nach Bynoe Bay. Dahinter waberte das Licht aus dem Osten über den Horizont und drang in die Lücken zwischen den Bäumen. Der Busch, im Dunkeln verborgen, leuchtete auf – erst die Bäume, dann traten Minute um Minute auch die Farben und Formen klarer hervor, bis es Tag war. Vor uns sprang ein kleines Känguru über den nachlassenden Strahl der Scheinwerfer. Der zerfurchte Weg führte um eine Kurve und an einer grasbewachsenen Landebahn vorbei, dann standen wir vor einer Reihe Strandhütten auf Pfählen. Dahinter lag das Meer.

Wir vergeudeten wenig Zeit, um möglichst schnell aufs Wasser zu kommen – sprachen nur kurz mit vier Typen, die in tiefen Löchern in der Bucht nach Riesenzackenbarschen gesucht hatten. „Shit", sagte der fetteste von ihnen. „Ich dachte, ich kipp um, der hat mir fast den Arm aus der Fassung gerissen. Also bis jetzt steht's Zackenbarsch zwei, ich null."

Der Tag war voller Verheißungen. Wir hatten nach allen möglichen Arten gefischt: Queenfish, Spanische Makrele, GTs, Threadfin Salmon – aber meist nach Barramundi, dem wahren australischen Edelfisch: ein verwachsener, psychopathischer Barsch mit orangen Augen, die weit oben auf dem Kopf sitzen, und vorgerecktem Unterkiefer. Er treibt sich am liebsten in sumpfigen Meeresarmen, Brack- oder Süßwasser herum. Aber der Hauptgewinn ist der Salzwasser-Barra – die schuppige Verkörperung eines Luftakrobaten. Als wir an diesem ersten Morgen hinausfuhren und mit den Fingern über die pinken, orangen und weißen Köder strichen, die wir für den Trip gebunden hatten, fragten wir uns, welchen wir zuerst nehmen sollten, und Ronnie zeigte Grant eine Fliege, die seine Tochter für ihn angefertigt hatte – ein Wust heller Federn. Grant zuckte die Schultern. „Die nehmen hier alles", sagte er. Das gefiel uns; wir würden Fische fangen, bis uns die Arme wehtaten. „Genau darum geht's, Charlie!", schrie Ronnie über das Rattern des Außenbordmotors hinweg. „Du hast keinen Fisch gefangen, bevor du nicht um Gnade flehst und die Schnur durchsäbeln willst. Da erst geht es los."

Die Bynoe Bay liegt an der Küste des Northern Territory. Ihre Meeresarme tasten zwischen Mangrovensümpfen und Sandbuchten blind landeinwärts. Sie drehen und wenden sich endlos, sind durchsetzt von Inseln, fließen in sich selbst zurück. An diesem Morgen fischten wir in schmalen Buchten, an Landzungen, dicht an den Mangrovenbäumen, während Grant mit seinem Boot dahintuckerte, den Motor ein und aus schaltete, unsere Würfe dirigierte, fröhlich mit uns plauderte. Trotzdem hatte ich das Gefühl, noch nicht angekommen zu sein – noch auf der Suche zu sein.

Das Wasser war trüb, dabei hatte ich gedacht, es wäre klar; wir warfen blind aus, obwohl ich dachte, wir würden Fische sehen. Und wenn der Motor jaulte, hing die Schnur nutzlos neben dem Boot und zog die Fliege übers Wasser.

Während wir dahinfuhren, stieg die unbarmherzige Sonne in den Himmel und trocknete unseren Schweiß.

Wir hielten am Rand einer Bucht, wo ein Bach durch die Mangroven floss, und warteten auf Barramundi, die Grant zufolge zwischen den Baumwurzeln aufsteigen würden, sobald das Wasser fiel. In den Zweigen einer Mangrove hing eine tote Qualle wie zerfetztes Plastik. Der Sumpf war erfüllt vom schlurzenden Geräusch der Mangrovenkrabben. Plötzlich hörte ich tief im Gewirr des Unterholzes einen dumpfen Aufprall im Wasser. Eine Kräuselwelle fächerte über die Oberfläche und zwischen den Bäumen hindurch.

„Hört ihr das bullige Geräusch?", flüsterte Grant. „Das ist ein Barra."

Es war wieder still. Dann zeigte Grant auf eine Stelle am Saum der Bäume. „Da, eine riesige Schwanzflosse. Seht ihr die? Woah, enorm. Was für ein Ding. Jetzt müsst ihr nach ihr werfen." Ich sah keinen Fisch.

„Da vorn", sagte er. „Siehst du die dunkle Silhouette?"

„Das, was wie ein großes Blatt aussieht?", fragte ich.

„Genau. Jetzt musst du exakt darauf auswerfen. Nein, zu weit. Das Ding muss direkt vor seiner Nase landen. Er muss es sehen. Nein! Dahinter." Die Schwanzflosse drehte sich zur Seite und verschwand.

Ab und zu stieg die blasse Kontur eines Fisches auf, um sich kurz zu zeigen und wieder im braunen Wasser zu versinken. Wir warfen Fliegen auf jedes Anzeichen, aber sie wurden allesamt ignoriert. Das Wasser sank schnell. Bald konnten wir den Verlauf des Baches durch das freigelegte Schlickufer erkennen, und als das Wasser weiter sank, kamen die Barramundi zwischen den Bäumen hervor und schwammen leise am Boot vorbei. Plötzlich schoss ein Fisch zu Ronnies Fliege – und war sofort wieder weg. Allmählich machte sich Grant Sorgen, im Schlick stecken zu bleiben, weshalb wir weiterfuhren, während noch ein paar Barramundi am Waldsaum in die Sonne und wieder hinaus drifteten. Ronnie und ich betrachteten die weichende Szenerie, die Fliegenschnur hinter uns herschleppend, und spürten, dass die Party vorbei war; die Tür war uns verschlossen geblieben.

Es war Mittag und gnadenlos heiß. Wir fischten noch ein, zwei Stunden nach Threadfin Salmon, die am Rand des Schlickufers die braune Oberfläche aufwühlten und mit ihren Fühlern winzige Garnelen ertasteten. Aber die Barra waren verschwunden und der Tag wurde konturlos. „Du meinst echt, die nehmen Fliegen, Grant?", fragte Ronnie, nachdem wir einige hundert Male Köder durch die schlammige Suppe gezogen hatten.

Zurück im Camp schlief ich ein paar Stunden, und am frühen Abend, als es schon dämmerte, band Ronnie auf der Veranda unserer Strandhütte Bimini-Twist-Knoten. Eine Drei-Tages-Reise von zu Hause entfernt, wollten wir schon noch wissen, ob sich der weite Weg gelohnt hatte.

„Ein merkwürdiger Tag", sagte ich.

„Ich kapier's nicht", sagte Ronnie. „Wir waren sieben Stunden da draußen, aber selbst mit gutem Willen hatten wir höchstens eine Stunde überhaupt eine Chance auf Barras. Nein, maximal fünfzig Minuten. Der Rest war Spazierenfahren. Ich bin ziemlich ernüchtert, Charlie. Soll's das jetzt gewesen sein? Kann ich einfach nicht glauben."

Der nächste Tag erwies sich als identisch. Immer wieder tauchten in den Schächten des Sonnenlichts Barramundi auf und gleich wieder unter, wie kranke Hunde, die sich in den Schatten flüchten. Dann knallte wie aus dem Nichts ein Fisch auf meine Fliege und spannte meine Rute derart fest, dass die Fliege in hohem Bogen bis zur Bootkante zurückschoss. Aber das Wasser lief bereits wieder in der Bucht auf, und ich sah durch die Trübnis schon den Schlick unter uns. „Lass uns abhauen", sagte Grant. Zu Mittag brach der Tag unter dem Gewicht der Hitze.

„Hey, ihr dürft das Angeln nicht danach beurteilen, was ihr gerade seht." Wir lehnten gedankenversunken an der Bar, als Grant uns fand. „Das ist das Ende einer Tidenskala. Das Wasser ist hoch und schnell. Die Nahrungssuche ist für die Fische gerade nicht leicht." Er schwieg einen Moment und musterte unsere Gesichter. „Wartet, bis wir zum Seitenarm kommen. Da wimmelt's von Fischen. Dann sind wir für die nächste Skala wieder hier, die sieben Tage bis zum Neumond. Mann, das waren doch nur unsere Aufwärmtage."

Ronnie zuckte die Schultern. Wir brauchten einfach ein paar ordentliche Fische, und wir würden sie kriegen.

Um vier Uhr wachten wir auf und tranken im Dunklen unseren Kaffee, zu müde, um zu reden. Es war schon warm auf der Veranda, und in der Bynoe Bay sah ich ein hauchzart oranges Glimmen über den Baumwipfeln. Ich dachte daran, wie wir jedem Tag neue Erwartungen zuschreiben. Manchmal frage ich mich, ob ich besessen oder unrealistisch optimistisch bin, aber so sind wohl alle Angler. Gleichzeitig ist es unmöglich, die sich immer weiter auftürmenden Erinnerungen ans eigene Versagen zu tilgen. Und irgendwann kommt dann der Punkt, an dem der Turm zusammenbricht. Aber inzwischen waren die anderen bereit zum Aufbruch, sodass ich meine Sorgen vorerst vergessen konnte.

Wir sprangen in den Pick-up, während sich das erste Licht in den löschpapierenen Himmel sog. Eine Stunde später, als Grant den Motor in einem muffigen Winkel des Finniss River abstellte, war die Sonne noch nicht über den Bäumen, aber der Himmel ein immerhin zartes fernes Blau. Es war still, und langsam erwachte der Dschungel zum Leben – kreischende Vogelrufe, das Ratschen der Frösche, erst fern und selten, bis die Geräusche immer näher kamen und schließlich überall waren. Plötzlich hatte Ronnie einen Tarpun am Band. Der Fisch messerte durchs dunkle Wasser und stieß durch die Oberfläche. Er tanzte auf dem Wasser wie heißes Öl in der Pfanne, war, kaum dass er fiel, schon wieder in der Luft. Dann, am Boot, schüttelte er sich wie irre am Ende der Schnur. Ich schoss ein Foto von ihm, der silberglänzende Kopf wie die ineinandergeschobenen Platten einer Ritterrüstung – ein maßstabsgetreues Modell der karibischen Monster, das mit seinen gerade mal zwei Pfund Ronnies Forellenrute in einen Fassreifen verwandelt hatte.

Sie waren überall, preschten zu jedem Wurf. Im selben Moment hatte auch ich einen am Haken, der quer über den Fluss tanzte. „Wahnsinn!“, schrie ich. „Echte Fische, die Fliegen nehmen!“ Ich war elektrisiert, wie sehr die Rute sich bäumte. Wir brachten ein gutes Dutzend ans Boot, bis Ronnie in einem schattigen Loch die Fliege abriss, durch „irgendwas hundert Mal Größeres als ein Tarpun.“

„Das war ein Barra“, sagte Grant sanftmütig.

„Versuch's mit nem Popper“, sagte er. „Wirf ihn so weit du kannst in diesen Seitenarm, direkt unter die Bäume.“ Wir lagen an der Mündung einer verzweigten Bucht, die von Bäumen und Ranken überwachsen war. Fünfzig Meter flussauf hob sich die Wasserfläche leicht, und der Kopf eines Krokodils drehte sich langsam wie eine Kompassnadel in unsere Richtung. „Und fall nicht rein“, fügte er hinzu.

Ronnie warf seinen Popper vor eine im Fluss treibende Masse aus Unkraut und Stöcken und holte ihn mit kurzen, schnellen Zügen an der Schnur ein. Mit einem laut schmatzenden Geräusch schoss die Fliege unter- und aufploppend übers Wasser und zog eine Spur aus Blasen hinter sich her. Das Wasser pulsierte. „Magisch“, flüsterte Ronnie, während er sich gegen das plötzliche Gewicht an seiner Schnur stemmte. „Langsam, schön langsam", mahnte Grant. Dann straffte sich die Schnur. Ronnie zog an einem toten Gewicht, schüttelte verzagt den Kopf, bog die Rute, bis die Schnur sich wieder befreite.

Die Rute tanzte in seiner Hand.

„Er ist noch dran! Alles gut. Er zieht!", rief Ronnie.

Wir sahen die kupfernen Morseblitze eines Fisches, der sich tief unterm Boot an der Schnur drehte. Grant lehnte sich hinaus, packte den Barra, sowie er an die Oberfläche kam, an der Schwanzwurzel und schwang ihn in einem Schwall aus Wasser, Schuppen und Unkrautstrünken an Bord. Nach Luft ringend lag der Fisch auf der blauen Matte, die bedrohlichen Augen jetzt dumm und hilflos. Ronnie schob den Hut hoch und wischte sich über die Stirn.

„Gott sei Dank, den haben wir beiseite geschafft. Guter Fisch! Gut gemacht, Kumpel", sagte er und schüttelte Grant die Hand.

„Hast du noch einen Popper, Ronnie?", fragte ich. „Brauchst keinen Popper", sagte Grant. „Die Jungs hier nehmen alles. Komm, wir fahren ein Stück flussabwärts."

Während das Boot über die Strömung trieb, fischten wir weiter und fingen Barramundi, Grunzbarsche, Schützenfische. Ronnie war erfolgreicher als ich, weshalb ich ihn noch einmal nach einem Popper fragte. „Brauchst keinen Popper", sagte Grant. Die Sonne stand jetzt über uns und brannte durch die Bäume direkt auf unsere Köpfe; der Tag wandelte sich. Im Dschungel gab es wieder keinen Laut mehr, als hätte die Hitze ein Tuch der Stille darübergelegt, die Luft war ruhig, drückend. Auch auf dem Fluss war es still, und irgendwann wussten wir, dass kein Fisch mehr kommen würde. Wir aßen mit kühlendem Flanell auf den Köpfen unter den Bäumen zu Mittag. „Komm, wir spielen eine Runde Pool", sagte Grant. „Gibt eine Bar ganz in der

Nähe. Hey, die Barfrau ist eine echte Bombe! Müsst ihr auschecken. Die war mal Miss Australien.“ Ronnie sah ihn an und zuckte die Schultern. Ich nickte. Mir war zu heiß, um zu sprechen.

Sie hatte ein Gesicht wie ein wütendes Warzenschwein. Ein Pub im australischen Hinterland – ein einstöckiges Gebäude aus Eisenblech, davor ein staubiger Hof, eingefasst von Pflanzen in geweißten Fässern – der verzweifelte Versuch, den Dschungel zu bändigen, der flirrend an der Hintertür kratzte. Drinnen lief in einer Ecke im Fernsehen stummgeschaltet Australian Football. An der Bar saß ein drahtiger alter Mann auf einem Barhocker. Als wir eintraten, drehte er sich zu uns, blinzelte, als hätte er ein Staubkorn im Auge, rief irgendwas in Richtung Küche und schaute wieder zum Spiel. Ich sah mich um, entdeckte die riesigen ausgestopften Barramundi über dem Fernseher sowie an der Tür einige Regale mit dem Grundstock des Outbacklebens – Konservendosen, Heftpflaster, Batterien. Ronnie arrangierte die Kugeln auf dem Billardtisch, während ich an der Bar wartete. Eine Frau erschien mit verschränkten Armen im Türrahmen und fragte mich, was ich will. „Drei Cola, bitte“, sagte ich und sah Grant an, der sich im Zaum halten musste, um nicht laut loszulachen.

Grant zeigte auf ein Bild neben der Tür. „Den Kerl haben sie aus dem Finniss gefischt – da, wo ihr gerade wart“, sagte er. Eine Hand in einem Operationshandschuh steckte in den Eingeweiden eines Krokodils. Darin verkeilt Kopf, Arme und Rumpf eines Menschen. Der alte Mann drehte sich zu uns und zog ein Grinsen auf, das seine drei verbliebenen Vorderzähne freilegte.

Das Bild blieb mir während unserer weiteren Tage im Seitenarm des Corroboree im Gedächtnis haften – einmal beobachteten uns gleich vier Krokodile aus den schlammigen Höhlen einer Bucht. Wir warfen unsere Fliegen direkt in ihre Richtung, in das Wirrwarr von Seerosenstrünken in dieser fauligen Algensuppe, diesmal auf der Jagd nach Gepunkteten Barramundi. Obwohl sich die Krokos fast nie bewegten, schifften wir mit besonderer Vorsicht über Bord. Grants Geschichten über betrunkene Volltrottel, die als Krokodilkot endeten, hatten uns in Panik versetzt.

Die Gepunkteten Barramundi waren staunenswerte Fische – sie hatten einen fetten, schlangenhaften Körper, an dessen hinterem Ende drei kraftvolle Flossen saßen. In den Untiefen unter Seerosenblättern oder in einem Wust aus verrottenden Stöckern und Tang an der Wasserkante liegend, warteten sie auf Frösche oder Mäuse oder kleine Fische. Wir benutzten Popper mit schwerem Krautschutz und warfen mitten in die Hindernisse.

„Wie weit?", fragte ich Grant.

„Bis rüber zum andern Ufer." Das war genau die Art von Hindernis, die ich beim Fliegenfischen zu vermeiden gelernt hatte. Ich zog die Fliege so langsam heran, wie ich nur konnte, um die harten Stiele zu umgehen, dann riss ich an einer freien Stelle von einem halben Meter zweimal kurz am Popper. Jetzt stand die Fliege direkt vor einem Floß aus Seerosenblättern. Behutsam zog ich sie auf ein Blatt. „Lässig, Charlie", sagte Grant. „Wenn du sie an den Rand gezogen hast, lass sie einfach reinplumpsen wie einen Frosch."

Die Gepunkteten Barramundi folgen der Fliege auf ihrem langsamen Weg durchs Geäst, um urplötzlich anzugreifen. Man muss extrem schnell sein, wenn man sie aus dem Dickicht rausholen will. Als der Popper von der Seerosendecke fiel, tauchte er sofort in einem Wasserstrudel unter. Meine Fliegenrute riss nach vorn, und ich musste mich gegen eine prähistorische Kraft bäumen. „Hol den mal lieber schnell raus“, sagte Grant. Die Gewinnchancen bestimmt der Fisch. Hat er dich um einen Seerosenstängel gewickelt, bist du geliefert.

Ich zerrte an dem Fisch, als wollte ich einen Frachtkahn an Land holen, doch irgendwann gab er nach. Man könnte meinen, dieser fantastische Sumpfbewohner wäre in offenen Gewässern verloren, weil seine Flossen an der falschen Stelle sitzen, aber wenn er ins offene Wasser gelangt, rauft er sich mit dir bis zur Landung.

Grant hatte meinen Fisch an der Schwanzwurzel gepackt. „Hey, Charlie“, sagte er. „Dicke Titte.“ Wir legten ihn neben einer Seerosenblüte ab. Mit seinem hübschen, kupferglänzenden Kopf, dem oberständigen Maul und dem Ziegenbart sah er aus wie eine Anaconda, die Ezra Pound mit den Beinen voran verschlingt. Wir fingen Fische im Dutzend.

Die Tage in Corroboree linderten die unglückliche Zeit in Bynoe zu einer vagen Erinnerung. An diesem kühlen Morgen trieb das Leben durch den Seitenarm. Reiher, Jabirus und Ibisse staken an den Ufern; Tarpune sploschten durchs Wasser wie der dem Gewitter nachziehende Regen. Ein einzeln stehender, blütenschwerer Baum barst in den Himmel – die Blüten ein Schwarm weißer Sittiche. Abends spielten wir im Motel Billard und schliefen in Frachtcontainern mit Klimaanlage. Jede nackte Glühbirne war das Epizentrum einer Nahrungskette. Mir kam der Gedanke, die Gegend würde sich auf dem Rücken rastloser Insekten fortbewegen.

Grant fuhr mit uns zu Humpty Doos Schenke. „Ging hier mal rau zu“, sagte er, als wir durch das Tor auf das von Maschendrahtzaun eingefasste Gelände fuhren. „Berüchtigt für Prügeleien. Immer wenn’s losging, hat die Polizei die Tore zugesperrt und mit dem Feuerwehrschlauch die erhitzten Gemüter gelöscht." Es sah immer noch rau aus. Harleys und frisierte Bikes röhrten in der Sonne. Ihre Besitzer spielten im Schatten Pool. Zwei hatten kahlrasierte Köpfe, drei Bärte wie der alte Moses. Alle trugen zerrissene Jeans, Arbeitsschuhe und verdreckte weiße Unterhemden. Auf meinem türkisblauen Bonefish-Langarmhemd von Columbia hätte ebenso gut AUSTRALISCHE BIKER PISSEN IM HOCKEN stehen können.

Um es noch schlimmer zu machen, spielte das einzige Mädchen in arschentblößenden Hotpants Billard, wobei die weiße Kugel immer wieder auf unsere Seite rollte. Ich habe noch nie so viel Energie aufgewendet, um nicht auf einen Frauenpo zu stieren. „Wenn du auch nur daran denkst, schiebt dir irgendwer von denen seine Harley in die Lunge", nickte Ronnie.

Stattdessen dachten wir ans Fischen. Der Flussarm war zwar gut, aber wir wollten hier Salzwasser-Barras fangen. Wir erörterten die Entwicklung der Gezeiten, ihre subtilen Veränderungen in den sechs Tagen bis Neumond; überlegten, dass wir einen Tag auf Queenfish und am nächsten auf Barramundi gehen könnten. Es war Zeit, nach Bynoe zurückzukehren. Wir glaubten jetzt daran, dass uns gute Zeiten bevorstanden. Wir wussten nicht, dass sie schon hinter uns lagen.

Bynoe ist unverändert. Ein Drecksloch. Stramm fahren wir von Punkt zu Punkt, wobei wir gelegentlich bis zu den Rändern der Mangroven tuckern und hier und da prüfend auswerfen, bis wir an der Stelle mit den vertrockneten Quallen ankern. Barramundi lugen zwischen den Bäumen hervor wie Zombies in einem B-Movie. Da trifft ein manischer Schlag meine Schnur. Und ist in derselben Sekunde schon wieder vorbei. Als Grant den Außenborder anstellt und sagt: „Müssen raus hier, Jungs", wird mir schwer ums Herz. Ich sitze in einem Boot auf dem Styx. Angekettet an einen Felsen, das Herz von Barramundi zerfressen. Drei Tage im zweiten Seitenarm von Bynoe und es ist, als wären wir nie weggewesen. Als wäre der Flussarm eine Schimäre. Wir versuchen, unser Versagen zu vergessen, aber auf Dauer kann kein Optimismus die Schwerkraft besiegen. Die Tage rinnen uns davon.

Am Ende bleiben uns zumindest die Baby-GTs. Sie nehmen die Fliege, biegen die Rute. Fügen unserer Niedergeschlagenheit Scham hinzu. Der Speicher der Erinnerungen füllt sich schnell, bis zu der Stunde, da Dundee uns von Ginnys Fisch erzählt. Das gibt mir endgültig den Rest. Ich sehe in meinen Würfen nicht mehr die Möglichkeit, mich mit dem wilden Herz des Outback zu verbinden. Sie sind reine Vergeblichkeit. Manchmal tut es weh, dazustehen und die Fliege vom Leitring zu haken.

Eher willentlich als instinktiv kann man beim Blick in die aufgehende Sonne eine dünne Hoffnung heraufbeschwören. Am Tag nach Ginnys Triumph stehen wir früh auf und gehen im ersten Tageslicht auf Barras-Jagd. Wir finden sogar welche am Schlickufer, gruselige, uninteressante Tiere, die wir trotzdem zwei Stunden lang jagen, ohne dass einer beißt. Dann fahren wir rüber zur Turtle Island, wo Dundee und Ginny ihre Queenfish gefangen haben. Dundee ist schon dort mit zwei Kunden aus Sydney, die mit ihrer Spinnausrüstung problemlos Queenies aus dem Meer holen. Fünf haben sie schon gefangen. Möwen sprengen ins Wasser, wir sehen die aufpreschende Gischt. Aber die Schwärme bewegen sich so schnell, dass ich die Fliege nicht flink genug strippen kann. Irgendwann wird uns klar, dass es besser wäre, zu schleppen und die Fische mit einem hakenlosen Blinker anzulocken, den wir hinterm Heck herziehen. Keiner von uns hält das noch für Fliegenfischen, aber Ronnie sagt, wir sollten unbedingt einen Queenfish an die Leine kriegen, bevor wir es uns anders überlegen. Plötzlich taucht einer auf, stößt gegen den Blinker, kommt immer und immer wieder heran, bis Ronnies Rute sich verbeugt. „Hast du einen, Ronnie?", fragt Grant. Statt zu antworten, starrt Ronnie auf das Meer, in dem der Queenfish hüpft und fetzt. Als wir ihn an Bord holen, die Flanken gelb vor Adrenalin, sagt Grant, er sei froh, dass dieses Problem endlich gelöst sei. Ich fange auch einen, und er sagt, kommt, hauen wir ab, wieder vernünftig fischen.

Sechs Stunden später haben wir einen kleinen Krokodilfisch gefangen, Symbol unserer edlen Gesinnung. Immer wird es morgen besser sein. Grant sagt, alles sei möglich. „Ja, klar", sagt Ronnie. „Ich weiß. Queen Mum könnte da vorn auf dem Felsen erscheinen und uns einen Pimm's einschenken. Was mich interessiert, ist die Wahrscheinlichkeit." Am Abend sagt er: „Sehen wir es mal so. Den ganzen Tag in eine moddrige Suppe auszuwerfen, in der die Chance, etwas zu fangen, irgendwo zwischen extrem unwahrscheinlich und fick den Teufel liegt, ist kein Fliegenfischen mehr."

„Wie kannst du es wagen, diese herrliche Gegend so abzukanzeln?", fragt Grant. Später rede ich mit Ronnie. Wir beschließen, Druck abzulassen, ganz in Ruhe zu fischen, optimistisch zu sein. „Wir schauen einfach, ob die dicke Frau singt, okay?"

Noch zwei Tage, und wir haben die perfekte Tide. Wir fangen einen kleinen Threadfin Salmon und ein paar zwergenhafte Welse. Auf der Knife Island gibt Ronnie Grant seine Rute und sagt: „So, jetzt fängst du mal einen." Es wird schon dunkel, ich stehe am Bug und versuche, weiter auszuwerfen als Grant – weil mich seine Kommentare nerven und ich dann wenigstens etwas habe, worauf ich mich konzentrieren kann. An diesem Abend habe ich das richtige Timing, ich werfe einen schweren Popper und dreißig Meter Fliegenschnur aus, und als die Vorfachspitze abrollt, sehe ich die ersten Zentimeter Backing in meiner linken Hand. Plötzlich trifft ein Fisch meine Fliege und peitscht die Rute herum. Er ist irgendwo weit unter den Mangrovenbäumen und hüpft wie verrückt im blauen Abendlicht. Der Mond steht über den Bäumen der Knife Island. Der Barramundi läuft auf dem Schwanz übers Wasser, dann prescht er in den Schutz der Mangroven. Der rotierende Rollengriff ratscht mir über die Knöchel.

Es fallen nur wenige Worte über diesen Barramundi. Er ist lang und silbern und scheint im Halbdunkel zu glimmen. Ich lasse ihn sanft entgleiten. Ronnie ist still. Grant und ich geben uns die Hand, und wir werfen noch ein paarmal aus, bevor wir zurückfahren. Aber es ist unmöglich zu glauben, dass sich etwas ändern wird. Dieser eine Barramundi verstärkt nur unser Gefühl von Vergeblichkeit. Das Schicksal martert die Verzagtheit mit Hoffnung.

Als Ronnie am nächsten Tag aufwacht, ist der Mondlicht-Barramundi nur noch eine Schimäre. „Die Hölle“, sagt er. „Marter. Lieber würde ich mich von der Syphilis zerfleischen, mir die Zehennägel ausreißen und vom Zahnarzt in alle Zähne bohren lassen. Keins dieser Stinklöcher hat uns einen Fisch eingebracht, nicht ein einziges. Stundenlang haben wir jeden verfickten Tag Fliegen in diese verfaulte Algensuppe getunkt, und nicht ein Fisch ist gekommen.“

Wie kaum anders zu erwarten, verbringt Grant mehr Zeit mit Dundee und den anderen Guides an der Bar als mit uns. Wenn er zu uns rüberkommt, fällt es uns schwer, über etwas anderes zu sprechen als übers Fischen, was uns aber nur deprimiert. Ich habe gesehen, wie sich die anderen

Guides nach uns umgedreht haben. Ronnie trägt seine Stimmung mit ins Boot, und auf halbem Weg zur Knife Island sagt Grant zu ihm, er soll sich nicht aufregen.

„Du hast mich noch nicht erlebt, wenn ich mich aufrege, mein Freund, und das willst du auch nicht", sagt Ronnie.

„Wenn du auch nur träumst, dich über mich aufzuregen", sagt Grant, „wirst du dir wünschen, aufzuwachen und dich zu entschuldigen."

Ich bemerke ein paar Fische, die fünfzig Meter hinter uns die Oberfläche peitschen, und zeige auf sie, um die Luft zu reinigen. Grant rudert zu ihnen zurück, und Ronnie sagt: „Die ganze Woche sage ich ihm das schon, Chaz. Da knallen die Fische rein. Aber er meint, ich rede Müll."

Die Lage entspannt sich kurz. Dann sagt Grant, wir seien nörgelnde Briten und die anderen Guides hielten uns für Arschlöcher. Das bringt bei Ronnie endgültig das Fass zum Überlaufen, er stellt klar, dass er kein Brite ist, sondern Schotte, dann überlässt er sich vollends seinem Kummer.

Es ist wieder eine perfekte Barramundi-Tide – schlickiges Wasser, Würfe auf geisterhafte Fische, die keinen Hunger haben. Wir streiten uns immer öfter mit Grant, und Ronnie ist nur noch deprimiert. Um die Stimmung aufzuhellen, erstelle ich eine Liste mit allen Arten, die wir gefangen haben: Eidechsenfisch, Krokodilfisch, Zwergwels, Threadfin Salmon, Snapper, Johns Snapper, Brachse, Longtong, GT – alles kleine Fische; Mangrovenkrabben in einer Krabbenfalle; zwei schöne Queenfish; ein Exemplar des Objekts unserer Jagd: ein Salzwasser-Barramundi.

„Den Barra kann ich nicht mit auf die Liste nehmen", sagt Ronnie stolz. „Weil ich keinen gefangen habe."

Am Morgen des letzten Tages spüre ich, dass die Poesie unseres Ausflugs vollkommener sein wird, wenn wir nichts mehr fangen. In den letzten verbleibenden Stunden will Grant mit uns zu Annie's Creek fahren. Während der Bootsfahrt machen Ronnie und ich unsere Scherze: „Wird die dicke Frau singen? Wird in Annie's Creek die dicke Frau singen? Die Zuschauer strömen ins Theater. Das Orchester stimmt die Instrumente. Aber wird die dicke Frau singen?" Scheiße, ja, sie würgte einen Ton hervor. Wir sahen im klaren Wasser mehrere Barramundi, von denen manche sogar an die Fliege kamen. Dann fing Ronnie einen. Er sah noch nie so deprimiert aus.

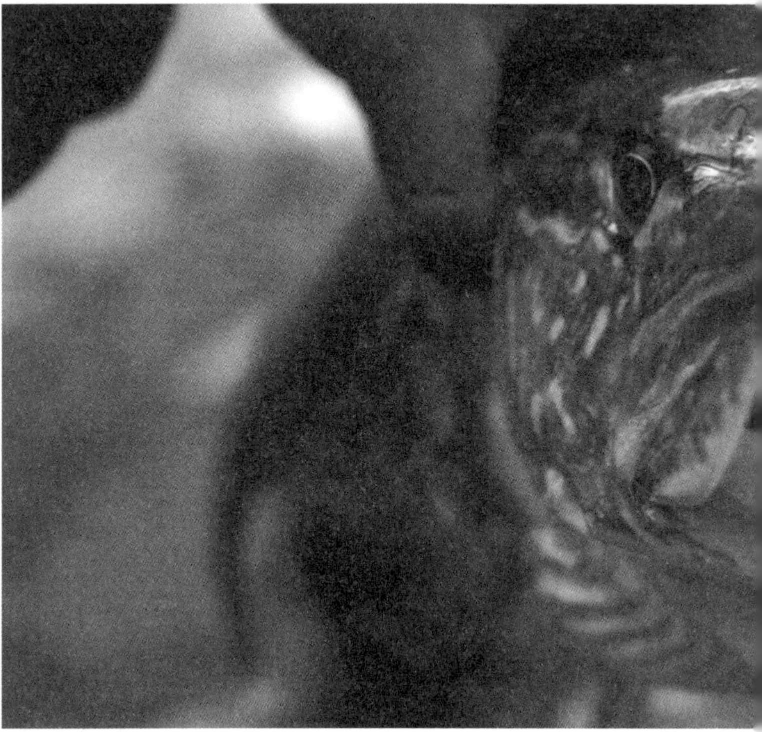

ICH HABE HANDSCHUHE

„Sah'n Sie, flie'n Sie auch nach Saskatchatoon?"

Ich drehte mich um. Sie redete mit mir.

„Denke schon", sagte ich. „Aber heißt es nicht Saskatoon?"

Sie blickte fahrig zur Seite, als hätte sie nicht verstanden, was ich sagte. Ich zuckte die Schultern und las weiter in meinem Buch.

„Ich mach mir Sorgen, dass wir unsern Flieger verpassen", sagte sie eine Minute später. Ich sah sie an. Sie trug Jeans, einen Gürtel mit Rodeomotiv, Krokodilstiefel, ein paillettenbesetztes Hemd. Sie fummelte an ihrer Tasche, sah angestrengt aus dem Fenster, dann winkte sie der Stewardess, um ihre Aufmerksamkeit auf sich zu lenken – unser Flugzeug von Butte nach Vancouver kreiste seit Ewigkeiten über der Stadt. „Schaffen wir das noch?", fragte sie und zeigte auf eine Linie auf einem Flugreiseplan. Die Stewardess zuckte die Schultern, ohne hinzusehen.

„Die streiken grad da unten."

Mit Verspätung hasteten wir durch den Flughafen von Vancouver. Ich bot ihr an, ihre Tasche zu tragen, um schneller zu sein. Mittlerweile wäre es unhöflich gewesen, sie ihre Sachen allein schleppen zu lassen. Wir verpassten den Anschlussflug nach Calgary, bekamen den nächsten eine Stunde später und verpassten den ersten Flug nach Saskatoon um zehn Minuten. Es folgte ein unangenehmer Moment, als wir uns in der Abflughalle nach freien Sitzen umsahen und schließlich nebeneinander Platz nahmen. Sie stand auf Pferde und war auf dem Weg zu einem Reitturnier in Saskatoon – „Saskatchatoon", wie sie wieder sagte. Ich versuchte sie erneut zu korrigieren, aber sie hörte nicht. Sie redete immer noch über Pferde. Dann gingen wir zum Gate, und als der Steward ihr Flugticket überprüfte, fragte sie ihn: „Ist das der Flug nach Saskatchatoon?" Er hob eine Augenbraue, ohne von ihrem Ticket aufzusehen. Als er es ihr zurückgab, sagte er: „Ma'am, Sie haben die Provinz und den Ort auf höchst elegante Weise miteinander kombiniert." Auch das schien sie nicht zu hören – sie nahm einfach ihr Ticket und verschwand in der Gangway.

Ich dachte, das wäre das Ende unserer Begegnung, doch als ich in der kleinen Ankunftshalle in Saskatoon auf mein Gepäck wartete, kam sie von hinten auf mich zu und fragte frohgelaunt: „Und, woher kommen Sie?" Aus England, antwortete ich. Sie stutzte. Dann neigte sie den Kopf und sagte: „Für einen Ausländer sprechen Sie wirklich gut Englisch." Sie lächelte. „Danke", sagte ich. „Äh… Ja, Engländer sprechen … ziemlich gut Englisch." Ich hatte es in meinem freundlichsten Ton gesagt und fragte mich, ob sie mir diesmal zugehört hatte. Sie hielt inne, und wurde rot. „Natürlich… natürlich. Oh." Ohne noch etwas zu sagen, stapfte sie zum Ausgang, über dem ein Poster hing, ein lächelnder Angler mit einem gigantischen Hecht. Der gigantische Hecht war der Grund, warum ich hier war.

In Saskatoon traf ich Kathy, eine vom Staat gesandte Tourismusreferentin, die sich in dieser Woche um mich kümmern sollte. Das Kümmern machte mir Sorgen. Ich brauchte niemanden und befürchtete, dass ihr beim Fischen langweilig würde. Und dann würde wiederum ich mich schlecht fühlen, weich werden und mir am Ende die ganzen Sachen ansehen, von denen Touristenreferenten meinen, Zeitschriftenautoren wollten sie sehen. Ethnischer Kram, große Hügel. Ich erklärte ihr, dass ich kein großes Interesse an all den schönen Dingen hätte, die ihr Staat zu bieten habe, außer an den gigantischen Hechten. Die würde ich gern fangen. Kathy wirkte erleichtert. Es gebe ohnehin nicht viel, was man sich am Lake Athabasca ansehen könne, außer eben die Hechte. Die nächste Stadt sei Uranium City, und auch da sei nicht viel Sehenswertes. Sie freue sich auf ihren ersten Angelausflug. Eine ganze Woche ohne Büro. Am Abend führte mich Kathy in ein italienisches Restaurant im Zentrum von Saskatoon aus. Im Hotelführer stand, es sei ein wunderbar provinzieller Ort. Ich bin nicht sicher, ob „wunderbarer" gemeint war.

Wir flogen nach Norden und erhaschten durch die Wolken einen Blick auf die gemusterten Felder, bald abgelöst von Waldflecken und Buschland, dann meilenweit nur noch lückenloser Wald und Wasser. Stony Rapids ist ein kleiner Ort an der östlichsten Spitze des Athabasca, ein Vorposten.

Ich stand auf der Landebahn und atmete den Geruch

von Wald und Staub. Ein, zwei Leichtflugzeuge landeten, und das ferne Dröhnen der Maschinen akzentuierte die Stille. Andere Geräusche – Lastwagen, Kettensägen – wehten von sehr weit her aus den Wäldern herüber, und die Flugzeuge hörte man lange, bevor man sie sah.

Ein alter gelber Schulbus brachte uns von der Landebahn zum Anleger, der Motor ratterte wie eine kieselgefüllte Blechdose und spuckte schwarzen Rauch in die reine Luft. Auf die Sitzbank gefläzt, sah ich durch ein zersplittertes Fenster, während wir über eine staubige Straße an den Reihen der Holzhäuser und Mülltonnen vorbeifuhren.

Am Anleger schaukelten zwei Wasserflugzeuge auf dem See und fingen die Nachmittagssonne ein. Nach rechts wand sich eine sandige Straße den Hügel hinauf, und während wir warteten, schob sich ab und zu ein Lastwagen über die Kuppe, das Rumpeln der Räder gefolgt von einer aufwirbelnden Staubwolke. Wir saßen auf unseren Taschen und lauschten dem Wasser, das gegen die Flugzeuge schwappte. Cliffs Frau Stella war schon mit den Campingvorräten für die Woche gekommen. Stella und Kathy plauderten eine Weile, aber die Friedfertigkeit der Gegend war ansteckend. Das Gespräch versandete. Ich verschloss die Augen vor der Sonne und ließ das plätschernde Wasser und die dröhnenden Motoren meinen geschäftigen Geist beruhigen.

Ein paar Wasserflugzeuge flogen vorüber, und einmal fragte ich Stella, ob es Cliff sei. Sie schüttelte den Kopf. Etwas später drang von weither ein scharfer, bellender Klang herüber, der tief über den Bäumen tönte. „Das ist Cliff", sagte sie. Ich stand auf. Eine, vielleicht zwei Minuten lang kam das Flugzeug näher, ohne dass wir es sehen konnten. Dann plötzlich erschien Cliff, der schon die Baumwipfel streifte. Das Flugzeug landete auf dem hoch aufspritzenden

Wasser. Kurz schien es in einer Lichtsalve zu verdampfen.

„Wie es funkelt."

„Muss mal wieder sauber gemacht werden. Cliff will es dann am Ende der Saison polieren."

Das Flugzeug legte an. Cliff stieg aus dem Cockpit auf den schwankenden Anleger. Er begrüßte uns mit festem Händedruck.

„Hallo, Charles. Hi, Kathy. Ist doch richtig, oder?"

Wir warfen Kisten, Säcke und Dosen in den Flugzeugrumpf. Cliff spannte eine Plane darüber und band alles fest, dann sagte er, wir sollten rasch einsteigen. Kathy und ich kletterten an Bord. Stella setzte sich nach vorn neben Cliff. Ich dachte daran, wie die Flugzeuge auf meiner Reise zu diesem Camp in der Wildnis wie Matroschkas immer und immer kleiner wurden. Cliff drehte auf dem komplizierten Armaturenbrett an einem Schalter, und die ungedämpften Auspuffe des Sternmotors trommelten auf den Rumpf. Das Seeufer entlang flogen wir so tief über die moosbewachsenen Felsen, dass ich meinte, an den seichten Stellen Hechte zu erkennen.

Seltsamerweise war das Camp fast leer, bis auf Cliff und Stella und ihren Sohn Craig sowie einige eingeborene Athabasken, die dort als Guides arbeiteten. Alle Stammgäste wussten, dass die Seesaiblinge gerade erst aus ihren tiefen Sommerstandorten aufstiegen, aber die Flüsse noch nicht erreicht hatten. Dadurch waren sie schwer zu finden. In ein paar Tagen würde sich das Camp wieder füllen und die Ruten nach den Seesaiblingen auf ihrer Laichwanderung ausgeworfen.

Am Nachmittag fuhren wir mit Craig hinaus in die Menschenleere. Der Athabasca wirkte riesig. Ich versuchte mir ein Bild von der Landschaft zu machen, von ihrem Ausmaß, ihrer Leere – wir waren vom östlichsten Punkt des Sees dreißig Minuten geflogen, befanden uns aber immer noch an seinem östlichen Ende. Hinter den Inseln im Westen breitete sich eine Wasserfläche aus, die keine Küste erkennen ließ. Mit einem Fischerboot mit Außenborder konnte man tagelang über den Athabasca fahren, bevor man ans andere Ufer gelangte.

Wir kamen an eine schilfbestandene Bucht. Craig stellte den Motor ab. Das Wasser war dunkel, aber klar. Wir trieben über tiefe Krautbetten, die wie Unterwasserwolken in den sanften Strömungen wogten. Eine Landzunge hinter uns schützte uns vor den schlimmsten Böen, aber um den Felsvorsprung wehten kleine Schaumkronen heran und kräuselten das Wasser in der Bucht auf.

Kathy hatte noch nie gefischt, weshalb Craig eine Spinnrute für sie montierte. Er besaß einen ausklappbaren Werkzeugkasten voller Blinker und Spinner und verrosteter Haken, mit Zahnabdrücken auf den bemalten Seiten der Blinker. Er wählte eine fünfzehn Zentimeter lange Imitation einer Äsche mit einer Tauchschaufel auf der Nase. Sie bewegte sich durchs Wasser wie ein verletzter Fisch und rasselte zitternd dicht überm Kraut. „Sieht perfekt aus", sagte Craig und übergab ihr die Rute. „Jetzt legst du einfach den Bügel um, wirfst den Köder aus und drehst am Griff. Wenn du willst, kannst du die Rutenspitze ein bisschen auf und ab wippen lassen, damit es lebendiger wirkt."

„Das ist alles?"

„Ja. Und dann, abwarten."

Schon beim ersten Wurf hatte Kathy einen Biss. In einer einzigen Bewegung kam er angeschwommen, schmetterte die Rute gegen das Seitendeck und verschwand wieder. Kathy sah die Rute an, als wäre sie von ihr gebissen worden. „War das ein Fisch?" Craig nickte. Ein Hecht, der auf Nahrungssuche ist, schlägt wie ein Hammer auf den Köder. Hungrige Hechte bersten vor Trieb. Manchmal ist es, als würde man mit den Fingern die Stäbe eines Käfigs entlangfahren, hinter denen die Bestie darauf lauert, nach dir zu schnappen, während sie schon mit den Klauen gegen das Gitter schlägt.

Kathy warf erneut aus. Ich kramte in der Dose mit den Hechtfliegen, die ich für den Trip gebunden hatte. Haufenweise Marabufedern, Lametta und Glitzergarn, Comicaugen, fette silberne und grüne Körper. Ich wusste, die Hechte würden durchdrehen. Mit der Fliege auf Hechte zu gehen ist, „als müsste man einmal um den ganzen Block laufen", wie ein Freund von mir es einmal formulierte. Man kann sie mit der Fliegenrute nicht einfach einkurbeln oder ihren Willen brechen; ein starker, schwerer Hecht biegt dir die Rute zum Halbkreis. Die urwüchsige Wildheit dieses Tiers in Verbindung mit der Feinheit des Fliegenfischens macht das ganze Unternehmen zu einem schauerhaft vergnüglichen Abenteuer.

Es dauerte circa drei Minuten und sechsundzwanzig Sekunden. Paff! Die Rute bebte, die Rolle grunzte wie ein Schwein. Zwanzig Meter Schnur schossen in einem Zug davon. Erst als der Fisch vierzig Meter vom Boot entfernt war, wurde er langsamer. Sobald ich den Druck verstärkte, stieg der Hecht aus dem Wasser, der ganze Körper unter Strom. Seine Kiemen flackerten. Ich sah hinter ihnen das Tageslicht. Der Hecht wuchtete weiter durch den See, stieg auf und lief auf dem Schwanz weiter, bis er wie ein tollpatschiger Betrunkener vornüberfiel. Ich zog, der Hecht zog. Ich gewann Schnur und verlor sie wieder, bis Minuten später ein riesiges Weibchen neben dem Boot lag, länger als mein Bein, mit gold-smaragdgrün gemusterten Flanken, als schaute man durch die Blätter einer Birke in den Himmel. Weit über zwanzig Pfund. Ich hielt sie im Wasser, spürte die kühle Haut und berührte das Herz der Wildnis.

Nur ein paar Minuten später fing Kathy ihren ersten Fisch. Die Bucht war voll von Hechten. Im klaren Wasser konnten wir sehen, wie sie direkt neben dem Boot in die Köder schlugen. Die größeren Fische hakten wir weiter draußen. Wenn sie uns folgten und entdeckten, drehten sie ab. Aber zwei- oder dreimal sah ich, während ich mit kleineren Hechten rang, durch die Wellen dunkle Konturen unter ihnen, einmal auch einen dunklen Schatten von einer halben Bootslänge, der latent drohend über den Grund glitt. Ich begann mich zu fragen, wie groß man sein musste, um sich dort unten sicher zu fühlen.

Am späteren Nachmittag sah ich in einer anderen Bucht, unter einer Felsbank, den Kopf eines Hechts aus dem Schatten auftauchen. Er blieb kurz vor der Fliege stehen, dann spreizte er die Kiemen ab und saugte die Fliege in den Schlund. Der Fisch war riesig, unfassbar riesig, aber ich konnte ihn nur erstarrt anstieren. Als ich endlich die Rute hob, war die Schnur so schlaff, dass ich den Anschlag versemmelte.

Es war ein ruhiger erster Abend, wir die Einzigen im Essenssaal. Cliff stand an der Bar und reichte uns Bier aus der Kühlbox. Die Bar fungierte zugleich als Angelladen. Enorme Köder hingen hinter Cliff an der Wand, daneben ein paar Schnappschüsse von Anglern mit wahren Ungeheuern, in deren Maul dieselben Köder zwergenhaft wirkten. Ein Stück weiter hingen ausgestopfte Fische, nicht in Kästen, sondern lose an der Wand – zwei Äschen, drei oder vier Walleye, zwei Seesaiblinge. Und zwei Hechte groß wie Kleiderständer, die erschrockene Köderfischschwärme attackierten. Ein Elch sah verwirrt dümmlich herab, als wäre er gerade mit dem Kopf durch die Wand gerammt, auf den Brettern neben seinen Schultern eine Kollektion bunt gestapelter Baseballmützen.

Wir aßen Chili con Carne. Das Gespräch holperte höflich von einem Thema zum nächsten. Am Abend darauf dasselbe. Cliff knarzte vereinzelt trockene Witze.

Er war müde, aber pflichtbewusst. Kathy und ich kamen gut miteinander klar, nur war sie leider schüchtern und ich nicht der große Partyanheizer. Es war nett, aber ruhig. Dann kamen Doddy, Penny und Irene. Damit hatten wir unsere Party. Ungefähr da begann es bei mir mit dem Jucken. Erst unter den Armen, dann auch an den Beinen. Als es schlimmer wurde, ging ich ein paar Schritte vor die Tür. Unter dem Kailicht sah ich überall rote Beulen. Ich hatte keine Ahnung, was das war. Aber Doddy wusste es: „Nesselsucht“, krähte sie. „Warte, ich hol dir was, womit ich dich einreiben kann, Baby.“

„Du hast dir beim Mittagessen zu viel Chilisauce drübergekippt, Charles“, sagte Cliff hinter der Bar, während Doddy ihre Tasche holte. „Verdammt scharfes Zeug.“

„Kann alles Mögliche sein. Worauf bist du denn allergisch?“, fragte Penny besänftigend.

„Auf uns!“, sagte Irene und unterdrückte ein Kichern. Penny johlte und schlug Irene auf die Schulter.

„Benimm dich, ja? Echt mal, er ist Engländer!“

„Ja, kuck mal, er kriegt schon richtig Angst vor uns.“

Cliff hatte die drei in Stony Rapids abgeholt, während wir fischen waren. Penny war groß und blond und hatte lange lackierte Fingernägel. Ihr Akzent füllte ihre Sätze wie ein aufgeplustertes Kissen. Sie erzählte mir, dass sie in einem trockenen County lebt und deshalb Alkgänge über die Countygrenze machen muss. Sie hat einen Kühlschrank im Hof stehen, sodass sie nicht ins Haus gehen muss, wenn sie sich beim Rasenmähen ein Bier holen will.

„Ich hab auch einen“, sagte Irene. Irene war schlank, hatte schwarze Haare und lachte viel. Sie beobachtete mich beim Essen.

„Ist das nicht süß? Kuck mal, Penny! Er benutzt die runde Seite der Gabel. Ach, Darling, du bist sicher froh, dass wir diesen Krieg mit euch hatten. Wir grobschlächtigen

Amis, die immer die falsche Seite benutzen müssen."

Inzwischen war Doddy mit ihrem Benadryl zurückgekehrt. Doddy war größer, hatte kurze braune Haare und freundliche Augen. Sie sah mich an und kramte in ihrer Tasche. „Hab hier noch ein Muskelrelaxans. Da reib ich dir den Nacken mit ein. Siehst ein bisschen angespannt aus." Sie knetete meinen Nacken, als wäre er ein Laib Brot. Danach holte sie zwei pferdegroße Schmerztabletten heraus und ein Gel für Strahlenpatienten.

„Mach dir keinen Kopf, wir kümmern uns schon um dich", sagte Irene. „Wir kommen alle zwei Stunden bei dir vorbei und schauen nach dir." Sie zwinkerte.

„Ich vermute, du würdest dich sicherer fühlen, wenn ein Bär nach dir sieht", ätzte Cliff.

„Hey, hey, hey!", sagte Doddy mit Blick zu ihren beiden Freundinnen. „Hier, schau, ich habe Handschuhe! Latexhandschuhe!" Sie kreischten vor Lachen. Dann sah mich Doddy aus ihren großen Augen an. „Du Armer, du fragst dich bestimmt, wie es so weit kommen konnte, dass du hier bei diesen drei schlimmen amerikanischen Bräuten sitzt!"

Die Nesselsucht war ähnlich schlimm. Ich lag die ganze Nacht wach und musste mich kratzen, schaltete ständig das Licht ein, um mir anzusehen, ob es schlimmer geworden war. Um drei Uhr morgens war ich voller Beulen. Es sah furchtbar aus. Aber ich hatte keine Lust, irgendwen nach einer zweiten Meinung zu fragen. Ich sah an die Decke und versuchte, mich nicht zu kratzen, während schleichend langsam die Stunden vergingen.

Am nächsten Morgen fuhr einer der Guides Kathy und mich mit dem Boot zur Klinik in Uranium City, einer alten Bergarbeiterstadt am Seeufer, etwa dreißig Kilometer entfernt.

Es war eine lange, ruppige Fahrt, und die kühle Luft

lenkte mich von meinem Juckreiz ab. Als wir in die Bucht von Uranium City fuhren, sahen wir am Ufer einen Pulk Kinder herumlungern. Ein paar ließen ihre Leine von den verunstalteten Felsen ins Wasser hängen, und alle drehten die Köpfe nach diesem Boot voller Fremder. „Fuck off" wurden wir in weißer Farbe begrüßt. Als die Grube noch offen war, war die Stadt deutlich größer. Jetzt ist die Bevölkerung auf ein Zehntel geschrumpft, die meisten Gebäude stehen leer. Geblieben ist ein staubiger Küstenort, aus dessen gerissenen Wetterschenkeln und zerbrochenen Fenstern die Verzweiflung sickert.

Unser Guide erklärte uns den Weg zur Klinik und blieb beim Boot, um es zu bewachen. Die Kids würden darüber herfallen, sobald er ihm den Rücken kehrte. Im Stadtzentrum blieben wir an einer Kreuzung stehen, um die Quads vorbeizulassen, die mit ihrem Zweitaktrasseln durch die Stille stoben und eine Staubwolke aufwirbelten. Auf der anderen Seite der Kreuzung war das Rathaus. An den zugenagelten Fenstern reihten sich Hinweise zu Beratung bei Drogenmissbrauch und Depressionen.

Die Krankenschwester versuchte herauszufinden, wogegen ich womöglich allergisch sein könnte. Wir gingen durch, was ich gegessen hatte und wo ich überall gewesen war. Mir fiel ein, dass ich in Montana meine Klamotten mit einer Haarspülung gewaschen hatte.

„Ich hab Leute gesehen, die davon durchgedreht sind", sagte sie. Sie gab mir Benadryl und eine Galmeilotion und sagte, ich solle meine Sachen im See waschen. Sie war sehr nett; man kennt hier Schlimmeres als Touristen mit Nesselsucht.

An einem Morgen flogen wir zum MacFarlane River, an eine Stelle, wo weite Sanddünen im Binnenland das Delta eines Flusssystems bilden, das in den See mündet.

Ich war Cliffs Copilot und beäugte seine Halsschlagader, während ich mich fragte, ob ich im Notfall diese Kiste fliegen könnte. Er drehte in keiner erkennbaren Reihenfolge an den Einstellrädern und drückte an den Hebeln, woraus ich schloss, dass wir alle Hechtfutter sein würden, wenn sein Herz platzte.

An der Flussmündung ließ Cliff uns aussteigen. Dort hatte er einige Boote vertäut, und wir fuhren drei Kilometer landeinwärts, bis sich der Fluss zu einem Pool von der Größe eines Sees weitete. An einer Seite türmten sich die Sanddünen dreißig Meter in die Höhe. Am anderen Ufer franste der Fluss in verflochtene Wasserläufe aus. Wir legten an ein paar umgefallenen Bäumen an und arbeiteten uns durch den Pool. Irene saß mit Doddy im anderen Boot. Ihre Rute bog sich als erste.

„Is' nur Kraut", sagte sie und beugte sich nach hinten. Die Rute bockte. Ein Hecht erschien an der Oberfläche. „O Gott, ein Fisch! Seht euch das an!?" Unter dröhnendem Gelächter drehte sie wie manisch am Griff der Rolle und holte den großen Fisch erstaunlich schnell ans Boot. Plötzlich stieg der Hecht in die Luft und schüttelte mit dem Kopf. Ich sah, wie sich die roten Kiemen auffächerten, hörte, wie der Löffel gegen seine Zähne rasselte. Es war ein imposanter Fisch, der in einer bis zu Doddy und Irene spritzenden Fontäne zurück ins Wasser fiel.

„O Gott", sagte Irene. „Habt ihr das gesehen? Sind diese Dinger gefährlich? Sein Blick gefällt mir gar nicht."

Doddy schrie. „Das ist ein Monster, und er hat eine Scheißwut."

Beide kreischten so laut, dass es von den Dünen zurückschallte. Sie lachten und winkten dem wütenden Fisch mit schwenkenden Armen. Irene hielt den Griff jetzt still, und der Hecht schleuderte übers Wasser, bis die beiden völlig durchnässt waren.

„Hol ihn rein, Irene, bevor es ein Unglück gibt!“

Der Pool war voller Hechte. Kathy und ich fuhren durch das Rund, immer die Sandwand entlang, und hielten zum Auswerfen an umgefallenen Bäumen oder an Inseln in der Mündung, an die der Fluss lappte. Die Sonne brannte in dieses Amphitheater aus Sanddünen und Wasser. Obwohl sich die Hitze in der stillen Luft sammelte, kamen immer noch Hechte. Ich hakte einen Fisch, der fünfzig Meter Schnur abspulte, quer durchs Kraut, und nicht zu bremsen war. Hechte schwimmen eigentlich nicht einmal in offenem Wasser schnell, aber der hier kam mir vor, als hätte ich ein Schneemobil am Haken. Er schwamm immer weiter, bis die Spannung zu groß wurde und mir die Zwanzig-Pfund-Schnur riss. Ich hatte ihn nicht mal gesehen.

Wir fingen zusammen dreißig Fische, dann machten wir eine Mittagspause, wofür wir die letzten vier kleineren Hechte nahmen. Die Felsen am Ufer als Schneidebrett nutzend, schlitzten die Guides die Fische entlang den gegabelten Gräten am Rücken auf, um auf beiden Seiten die Filets zu entnehmen. Alle beschweren sich, dass Hechte so grätig sind. Hier wurde zwar ein bisschen Fleisch vergeudet, aber ich habe noch nie erlebt, dass jemand die Gräten so präzise und vollständig entfernt hätte. Wir wendeten die Filets in Ei und Mehl und brieten sie in heißem Öl. Dann aßen wir sie mit Fritten und Ketchup auf der angestauten Wärme einer achtzehn Meter hohen Sanddüne. Ich saß am Rand der Unterhaltung, sog die Hitze auf wie ein Reptil und sagte mir, dass ein so gewöhnliches Essen, in freier Natur genossen, irgendwo am Ende der Welt, durch keinen Sternekoch besser gemacht werden könnte. Die Ladys redeten über Cola light und Abnehmen und das Leben im Allgemeinen, vor allem wenn es so früh zu Ende geht. Peu à peu fand ich heraus, dass Doddy mit ihren Freundinnen hergekommen war, um die Asche ihres Mannes auf einem entlegenen See zu verstreuen. Warum hier?, fragte ich. Weil es seine Lieblingsgegend war. Er kam jedes Jahr hierher. Am nächsten Tag flog Cliff sie zu einem ganz besonderen See in den Hügeln, damit die drei ihn verabschieden konnten.

Am letzten Tag legte sich dichter Nebel über den See. Das Wasser war flach wie eine Bratpfanne. Wir fuhren das östliche Ufer entlang und spalteten mit der Heckwelle die glatte Stille. Dann hielten wir an, und die Fläche schloss sich wieder. Gerade zwanzig Meter weit konnten wir rundum im Kreis sehen. In der ruhigen feuchten Luft wurden alle Geräusche verstärkt. Draußen im Nebel, außer Sichtweite, hörten wir die Hechte, die an die Oberfläche stießen und fraßen. Dann schlug einer in der Nähe des Bootes hoch und wirbelte eine Fläche auf, die so groß war wie ein Planschbecken. Ich warf nahe daran aus. Die weißen Federn des Köders züngelten durchs Wasser und tauchten unter. Die Schnur fuhr zur Seite und schnitt ein V in den See. Ich ließ den Fisch ein paar Meter schwimmen, dann schlug ich hart an, um den Haken einzutreiben. Die Schlaufen der Fliegenschnur, die lose an Deck lagen, schnellten hoch und wickelten sich um den Butt der Rute. Ich löste die Verwicklung, kurz bevor sich die Rute nach unten bog und der See barst. Ein enormes Hecht-Weibchen stellte sich senkrecht aufs Wasser und zerrte gegen die Leine. Bis ich sie endlich an Bord hatte, waren alle durchnässt, viermal war sie vor der Bootkante wieder abgetaucht und hatte mit dem Schwanz das Wasser aufgepeitscht.

Später saß ich mit Cliff und Kathy im Essenssaal, um auf eine Wetterlücke zu warten, durch die uns Cliff in seinem funkelnden Oldtimerflieger hinausbringen konnte. Doddy, Penny und Irene blieben noch ein paar Tage und waren gerade hinter der Landzunge fischen. Als ich auf dem Kai auf den Abflug wartete, hörte ich in der Ferne einen Schrei und brüllendes Gelächter.

In der Abfertigungshütte in Stony Rapids dachte ich an Doddys Mann und wie man sich am Rand der Zivilisation fühlt, vor dieser riesigen weiten Leere. Ich schrieb das Schild von Scott's General Store ab – „Lebensmittel Süßwaren Benzin Bar Fischen Jagen Campen gegerbte Pelze roher Pelz Ankauf Anmahnungen Memorabilien des Nordens Schneemobile von Bombardier Handel Verkauf und Dienstleistungen Kettensägen" – und ging an Bord eines geringfügig größeren Flugzeugs.

DAVID BECKHAM IST DER BESTE

Als ich an ihre Tür klopfte, blieb erst mal alles still. Ronnie stand mit Birch und Marc im Garten und sagte zu ihnen: „Passt auf, eine tolle Frau, ihr werdet sehen.“ Sie hatten keine Ahnung, was sie erwartet. Ich sah die Holztreppe hinauf. Sie müsste eigentlich da sein, weil ihre Holzschuhe unten auf dem Absatz standen. Aber die Tür oben war abgeschlossen. Um die Ecke pickten drei dürre Hennen nach Körnern und scharrten im Boden neben dem Gemüse. Ich rief „Hallo!“, und das obere Fenster schwang auf.

Mrs. Slivo lehnte sich genervt heraus, weil sie gestört wurde. Sie schaute nach unten, erblickte mich. „Charlie!“

Dann sah sie die anderen hinter mir und verschwand. Sekunden später stand sie mit einer Flasche und vier Gläsern auf dem oberen Treppenabsatz. „Charlie! Ronnie!“ Es folgten mehrere Wörter auf Kroatisch, die ich nicht verstand. Schnell kam sie runtergestapft, wobei sie ihr Gewicht nach hinten verlagerte, da die Treppe steil und sie eine breite, voluminöse Frau war. Ich wurde ungestüm umarmt. Dann Ronnie. Ich stellte sie Birch und Marc vor. Da fiel ihr die Flasche wieder ein. „Oh, Shit“, sagte Ronnie. „Jetzt gehen die Probleme los, Freunde.“

Sie füllte alle Gläser bis zum Rand, überreichte das erste Marc und machte eine Geste, dass er es schnell trinken soll. Mark kippte es auf ex. Birch suchte in Marcs Gesicht nach Anzeichen von Pein. Marc atmete aus. „Hoooo, Fuchus! Das ist gut. Das ist gut.“ Dann stürzte Birch begierig seins herunter. „Alter, was ist das, Charlie?“

Ronnie und ich grinsten in uns hinein.

„Kroatischer Düsenkraftstoff. So fängt eine ordentliche Angelwoche an. Vollgetankt, bevor du die Rute montiert hast. Ha ha.“

„Wir können erst los, wenn wir die Flasche leergemacht haben. Sie lässt uns sonst nicht gehen.“

Mrs. Slivo füllte Marcs Glas nach und schubberte ihm, während er trank, über den Rücken. Das machte sie mit jedem so. Die Flasche war inzwischen halb leer. Noch zwei für jeden. Shit. Das Zeug würde uns alle ausknocken.

„Gut. Heißt gut ‚ja‘?“

Wir nickten und versuchten zu schlucken. Ich holte die Zeitschrift hinter meinem Rücken hervor. Als ich das erste Mal mit Ronnie hier gewesen war, hatte ich einen Artikel über die Gegend geschrieben. Ich zeigte ihr das Bild, auf dem sie Ronnie in den Würgegriff nimmt, dann ihr Haus in der Aue am Gacka. Sie gestikulierte, ob sie die Zeitschrift behalten darf. Wir blieben noch zehn Minuten, bis die Flasche leer war, wobei uns Mrs. Slivo wieder über den Rücken schubberte, auf die Schulter klopfte, nickte und „ist gut, ist gut“ sagte. Wir erklärten ihr, dass wir später wiederkommen und ihr einen großen Fisch mitbringen würden. Meine Beine waren wie Wachs.

Ihr Haus liegt ganz oben am Ursprung des Flusses. Vom Talboden ragt ein Steilhang aus Kalkstein in die Höhe, an dessen Fuß ein Tümpel liegt. Wenn man eine Weile darauf blickt, beginnt das flache Wasser zu schimmern. Es erzittert von der Kraft der Quellen, die ihn speisen. Fünfundzwanzig Meter vom Steilhang entfernt strömt das Wasser aus dem Tümpel in Rinnsalen hinab, durch vier heruntergekommene Kornmühlen, stürzt über Felsen und die Balken und Bretter zerstörter Gebäude. Dann fließen die Wasserläufe wieder zusammen und werden zum Gacka.

Er ist schon zu Beginn sehr groß, zu tief und zu schnell, um irgendwo zu waten, aber nach hundert Metern mündet noch ein Wasserlauf in den Gacka, kurz darauf ein weiterer, bis er nach einem Kilometer eine breite, kraftvolle Wasserpresse ist, die sich durch die karstige Niederung schiebt.

Mrs. Slivos Haus stand in der Aue unter den Mühlen. Von ihrem Garten konnten wir die Forellen sehen. Wegen dieser oberen Aue, ganz am Anfang des Gacka, dessen kaltes, klares Wasser quicklebendig über helles Kraut fächert, durch ein Wildblumenfeld fließt und zwischen Apfelbäumen hindurch mäandert, zu beiden Seiten vom Kalkstein flankiert, unter dem sich graue Rücken nervös über ein kalkhaltiges weißes Flussbett schieben, komme ich immer wieder hierher. Ich könnte hier mein Leben lang fischen.

„Trink“, sagte ich zu Ronnie. „Tut dir gut. Trink! Das löst den Slivo auf. Oh verdammt, ist mir schwindelig. Ich habe das Gefühl, dass ich auf diesem Pflaumensaft schwebe, ohne den Boden zu berühren.“

Die Quelle kam kalt und klar unter einem Steinhaufen hervor. Das Moos auf den Steinen war von Insekten übersät. Wenn ich vorsichtig war, konnte ich mit den Händen unter Wasser eine Schale bilden und eine Handvoll ohne Fliegen herausschöpfen. Das Wasser betäubte meine Hände. Ronnie lehnte am Schlagbaum an der Straße.

„Du hast nicht mal die halbe Flasche getrunken, Charlie. Du Mädchen. Das meiste hatte ich.“

„Was für ein Zeug. Reines Gift. Damit kannst du einen Rennwagen befeuern.“ Ich tauchte meinen Hut in die Lache und setzte ihn mir auf den Kopf. „Oh, tut das gut. Das tut so gut.“

„Charlie. Du bestehst aus ein Prozent mehr Wasser als wir. Wie kannst du nur so viel Wasser trinken?“

„Mann, was war das für ein Zeug? Jedenfalls scheint sie dich zu mögen, Ronnie. Sie hat gesagt, du wärst ihr Teddybär. Hast wohl Glück gehabt, dass du davongekommen bist.“

Zwei Kühe sahen uns aus dem Schatten der Bäume an, die ein paar Meter entfernt standen. Ein Stück weiter auf dem Weg sprach ein Bauer mit einigen Frauen. Als er uns sah, tänzelte er zum Gatter seiner Aue, um es für uns zu öffnen. Die Frauen lachten über seine übertriebene Galanterie. Er war groß, aber gebeugt, vermutlich vom jahrelangen Hacken seiner Gemüsebeete oder vom Sensen der Heuwiese. Seine Haare waren wuschelig weiß. Als er lächelte, bekam seine braungebrannte Haut um die Augen ein paar Falten, doch ansonsten war sein Gesicht fest und straff. Hart wie so viele andere kroatische Gesichter. Ein steinerner Ausdruck, der offenbar Dinge verbarg, die ich mir nur schwer vorstellen konnte.

Im Zug hatten wir darüber mit einer Australierin

gesprochen. Ich konnte mich noch an ihr volles, ebenes Gesicht erinnern, ihr seltsam verschlossenes Lachen, aber ihr Gesichtsausdruck hatte sich verändert. Sie war mit einem Kroaten verheiratet und arbeitete in Zagreb, wo sie ein paar Geschichten nachging. Sie erzählte uns von einem Jungen, der in dem Heimatdorf ihres Mannes wohnte. Seine Familie hatte kein Geld, weshalb er sparsam mit den Kugeln sein musste, wenn er auf Hasenjagd ging, um etwas zu essen zu besorgen. Er konnte gut schießen. Er schoss immer Hasen für seine Familie.

Dann kamen die Serben in sein Dorf. Alle rannten in den Wald auf dem Hügel, nur sein Großvater weigerte sich. Da blieb der Junge bei ihm. Sie hörten die Stimmen der Serben, die die Dorfstraße entlangliefen. Der Junge erkannte einige von ihnen, es waren Freunde aus seiner Schule. Er hatte einen guten Aussichtspunkt und erschoss sie, alle. Er wusste, dass er treffen würde, hatte er der Australierin erzählt, und ob sie sich vorstellen könne, wie es ist, alte Freunde zu erschießen. Nein, das konnte sie nicht. Er sagte, es wäre nicht gut.

Der untere Lauf floss tief hinter dem Haus des Bauern und an zwei Schafweiden vorbei, die eine schon abgegrast, die andere noch hoch und voller Wildblumen. Der Fluss huschte am hinteren Ende der Weide unter dem Baumüberhang hindurch, bis er am Ende der ersten Weide abtauchte, eine träge Kurve machte, sich vor einer Baumgruppe spaltete und in einen tiefen Gumpen mündete, über dessen Kante ein grüner Streifen Kraut wallte. Graue Schatten hingen in den Verwirbelungen der verworrenen Kehrströmungen. Ich blieb stehen und betrachtete die Fische. Ronnie ging hinter mir vorbei.

„Träum weiter. Wenn du von denen einen fängst, fress ich meinen Hut."

Er lief weiter zu einer Stelle weiter unten, wo mehrere

Forellen stetig stiegen. Ich wartete, beobachtete die grauen Schatten, die auf den Kämmen unsichtbarer Wellen ritten, heraufkamen und absanken, um die schlüpfenden Olives abzugreifen. Ich probierte meine erste Fliege. Eine der Silhouetten richtete sich wellenreitend auf. Als ich es erneut versuchte, drehte sie ab und verschwand in der Tiefe. Ich wartete, und warf wieder aus. Der Fisch kam zurück, ein anderer wich zur Seite. Für einen Moment kam der Rhythmus der fressenden Fische ins Stocken. Sie schwammen nervös, dann beruhigten sie sich wieder. Es war schwierig, auf diesen kollidierenden Strömungen jeglichen Drag zu verhindern, und die Forellen schienen auf die leiseste Ahnung zu reagieren.

Nach einiger Zeit versuchte ich es mit einer kleinen Fliege aus Hasenohrenfell. Schnell stieg eine Forelle auf. Ich sah einen weißen Blitz und riss die Rute hoch. Ich spürte, wie groß sie war. Sie schwamm zur hinteren Kante des Gumpens, und als sie noch einmal sprang, drehte sich ihr Körper um die Spitze des Hakens. Ich dachte schon, sie hätte sich befreit, aber der Haken hielt.

Die Forelle schwamm schnell aus dem Gumpen in einen flacheren Abschnitt mit Kies und Kraut und schob dabei eine Welle vor sich her, die sich mit der Strömung bewegte, breiter und breiter wurde, bis die Kräuselungen parallel verliefen. Als der Fisch in ein tiefes Loch abtauchte, wirbelte er an der Schnur herum, scherte aus und preschte vor, wurde dabei in immer kürzeren Abständen müde, bis er aufgab und ich ihn ans Ufer ziehen konnte.

„Arschloch!“

Ronnie war zu mir rübergekommen.

„Ha ha! Friss heißes Blei, du Zweifler. Oder besser, friss deinen Hut!“

Wir maßen meinen Fisch auf dreiundvierzig Zentimeter.

Es dauerte nicht lange, bis wir auf den Krieg zu sprechen kamen, obwohl wir anfangs nur Small Talk machten, während Sanya übersetzte – das Wetter, die Reise, wie lang wir unterwegs waren, wie heiß es war, wir fragten nach dem Maifliegenschlupf und den Forellen –, aber Ronnie und ich wollten es verstehen. Denn man entkommt dem Krieg hier nicht. Ein Außenstehender sieht seine Spuren überall.

„Meine Güte", hatte Ronnie bei unserer Anreise gesagt und auf einen Bauernhof gezeigt, „was ist denn hier abgegangen? Habt ihr die Einschusslöcher gesehen?"

In Otočac hatten die Häuser tief vernarbte Scharten, waren die Mauern mit Einschusslöchern übersät. „Warum wurde Otočac zerbombt?" Sanya rührte in ihrem Kaffee. „Wegen dem Krieg." Damir sah starr aus dem Fenster, als könne er das alles nicht verstehen. Dann sagte er: „Nein, wir mögen die Serben nicht."

Das Gespräch ebbte ab. Schweigen. Ich fragte, ob es stimme, dass die Bauern hier ihre Felder mit toten Maifliegen düngten? Als Sanya übersetzt hatte, lachte Damir. Früher vielleicht, sagte er. Aber jetzt sei der Maifliegenschlupf nicht mehr so gut. Vielleicht meinte er in diesem Jahr, vielleicht auch allgemein. Ich wusste es nicht.

Wir wollten zum Fluss, den Gacka richtig kennenlernen. Damirs Yugo hoppelte über den zerfurchten Weg, Sanya vorn, Ronnie und ich hinten, die Knie gegen die Brust gedrückt. Die Sonne schimmerte orangefarben von dem niedrigen Kalksteinhügel im Westen und ein paar Maifliegen tanzten im Scheinwerferlicht. Am Brückengeländer lehnten vier Männer und sahen flussabwärts. Als wir aus dem Auto stiegen, liefen ein paar Rotzgören vorbei und kickten einen Ball vor sich her. Auf der anderen Seite graste eine Herde Schafe mit arrhythmischen Glocken das Ufer ab.

Unter uns warf eine große Forelle eine Kräuselung auf, die sich übers flache Wasser bis zum Rand ausbreitete. Große Köcherfliegen hüpften auf der Oberfläche, schossen über den Fluss und wühlten Wellen auf. Hunderte von Fliegen. Damir stand jetzt neben uns und nickte. Ich zeigte auf den Fluss. „Große Fische." „Ja, natürlich", sagte Damir und zuckte die Schultern, als hätte er nichts anderes erwartet. „Jetzt holt sie euch!" Er lachte und ging zum Auto zurück.

Der abendliche Schlupf der Köcherfliegen ist eine heikle Angelegenheit. Wir fischten an der Toncin Most oder zwei Brücken höher, wo der Fluss in einer breiten Rinne auf eine Pappelreihe auf der anderen Seite zuläuft. Von einem hölzernen Stechkahn, der halb im Schilf versunken am Ufer lag, warf ich auf den Abschnitt unter den Pappeln auf die aufsteigenden Forellen, während die Sonne unterging und das Land ausschwärzte.

Ein Angler erzählte mir, dass die großen Fische erst im Dunkeln herauskommen, einen dreiviertel Meter lange Forellen, die sich im Düstern die Köcherfliegen schnappen. Noch habe ich keine gefangen, aber wir haben immerhin welche gesehen. An der hohen Brücke weiter oben gab es eine Biegung mit flacheren Bereichen, in denen sich das Flussbett wellte wie Sandfurchen am Strand. Unter einer über den Fluss führenden Telefonleitung sahen wir eine Bachforelle, die tatsächlich so groß oder gar noch größer war. Ganz oben in der Schafweide sah ich eine wilde Regenbogenforelle versteckt unter den Wurzeln einer Erle. Sie wog über zehn Pfund. „Größer geht das nicht mehr", wie Ronnie es formulierte.

Im flacheren Wasser bei den Pappeln war das Fischen im Dämmerlicht unwesentlich einfacher. Die Forellen holten sich schwache oder erschöpfte Köcherfliegen, und wenn ich das richtige Muster nahm und einen Winkel fand, der den Drag ausglich, konnte ich den einen oder anderen Fisch fangen. Doch zu Beginn des Schlupfes stiegen über jeder Brücke Köcherfliegen von den Stromschnellen auf. Die Forellen drehten komplett durch und durchlöcherten förmlich die Wasserfläche. Konzentrierte man sich ein paar Minuten auf irgendeine kleine Stelle, konnte man sich den besten Fisch herauspicken, sogar eine große wilde Bachforelle. Dann warf man. Und noch mal. Und noch mal und noch mal. Warum hat sie die Fliege nicht genommen? Was war das Problem? Noch mal. In anderem Winkel. Sie stieg nicht mehr. Man ging weg – sie kam wieder. Man trat zurück, der erste Wurf verschreckte sie endgültig. Herrgott! Was war mit diesen Fischen los?

So ging es den ganzen Abend.

Irgendwann hat man begriffen – oder wenn man wiederkommt, erinnert man sich daran –, dass sie nur die Köcherfliegen nehmen, die auf dem Wasser einen irischen Volkstanz aufführen. Sowas kann keine künstliche Fliege. Einen Fisch zu fangen war hier reines Glück. Aber Ronnie meinte schon am ersten Abend, das Problem geknackt zu haben. In der letzten halben Stunde jagte er mehreren großen Fischen nach und fing gleich zwei. „Du musst regelrecht auf den Fischen sitzen, um den Drag zu killen." Er hatte recht, nur waren so spät am Abend viele Köcherfliegen bereits verendet. Versuchst du es im Hellen, wenn sie tanzen? Vergiss es! Denn im Hellen, wenn sie tanzen, bist du geliefert.

Diesmal rief Birch über den Fluss. „Hey, Charlie, schnapp sie dir!" Birch konnte sehr gut werfen. Die Schnur kam geradewegs zu mir angeflogen. Ich ergriff das Ende und fragte mich, was er vorhatte. „Heb sie hoch, geh ein Stück das Ufer rauf, weiter, noch weiter. So." Er hatte drei Meter

Nylon an die Fliegenschnur geknüpft und ans Ende eine Köcherfliege geknotet. „Jetzt lass das Ding übers Wasser hüpfen. Wir holen uns schon noch unseren Fisch, Charlie!" Da kam der amtliche Gewässeraufseher auf seinem rußigen Mofa über die Brücke gerattert. Er warf uns einen Blick zu und bremste abrupt mit hart schabenden Vorderradgabeln. Sah uns zu. Ich tat, als würde ich Simons Schnur aus dem Baum entwirren. Ich blickte zum Aufseher. Er sah mich skeptisch an. „Großer Wurf. Mein Freund wirft immer zu weit. Er ist sehr dumm". Ich tippte mir an die Stirn … tock, tock, tock. Der Aufseher lachte und wendete sich ab, um mit ein paar anderen Anglern zu sprechen. Er wusste genau, was wir hier machten.

Abends war auf der Brücke viel los. Ein Kommen und Gehen, Reden und Lachen, man zeigte auf die Fische, beobachtete sich gegenseitig, wartete, bis die richtige Angelstelle frei wurde, und rannte sofort hin, damit kein anderer sie kriegte. Ein wahrer Wettbewerb. Ein dicker Deutscher kam auf mich zu. Ronnie war im Wasser und warf auf eine schöne wilde Regenbogenforelle, die wir unter dem Pfeiler der zweiten Brücke in der Strömung schwimmen sahen. Der Drag war ein Albtraum, und ich stand oben, um die Würfe zu dirigieren. Ich hatte mich absichtlich abseits der Kante gestellt, um die Fische nicht zu verschrecken. Aber der Deutsche ging direkt an den Rand, sah nach unten und verscheuchte damit die Forelle. Dann zog er seinen Rotz hoch und spuckte ins Wasser.

„Ein großer Fisch? Der war vielleicht fünfunddreißig Zentimeter lang. Viel zu klein. Das lohnt nicht."

„Das war ein guter Fisch, und du hast ihn verschreckt."

„Ein kleiner Fisch. Früher gab's hier nur große. Jetzt sind das alles nur noch Winzlinge. Lohnt sich einfach nicht mehr."

Der Zeitstrahl des Anglers. Alles wird immer schlimmer. Ich wünschte dem Mann, dass ihm sein Zeitstrahl in den Arsch fährt und steckenbleibt. Ich sah ihn giftig an. Er zuckte die Schultern und verschwand.

Wenn man nur lange genug auf der Brücke gestanden hat, hat man irgendwann das Wort „Scheiße“ in vier verschiedenen Sprachen gehört, weil alle dasselbe Problem mit den tanzenden Köcherfliegen haben.

Milan wollte uns am Abend wieder abholen – weil wir kein Auto hatten. Milan war achtzehn, Pizzafahrer und fuhr einen Renault 4, der für jede ausgelieferte Pizza eine Delle hatte und über den hinteren Radläufen sarggroße Lautsprecher. Er kam zu irgendeiner abgefahrenen kroatischen Funkmusik angeschaukelt, immer im roten Bereich, von der Bar seines Vaters bis hierher, erblickte uns in letzter Sekunde im Dämmer, sich links und rechts durch die Schlaglöcher schlängelnd, über die Brücke bretternd, um am Ende per Handbremse eine Chicagowende zu vollführen.

„Soll ich euch den Mika Häkkinen machen? Den Rennsportweltmeister?“

„Haben’s grad schon erlebt, Kollege.“

„Angeln ist langweilig! Warum macht ihr das? Da steht man doch die ganze Zeit nur rum … Sowas von …“

Abwechselnd saßen Ronnie und ich hinten und quetschten uns zwischen die Lautsprecher. Milan war der einzige in der Bar, der Englisch konnte. Mit seinem Vater und der Kellnerin verständigten wir uns mit Zeichensprache, Schulterklopfen und viel Slivowitz.

„Okay, Milan, wenn dich Angeln langweilt, was dann?“

„Was?“

„Was ist besser als Angeln?“

„Besser als …? Alles!“ Er lachte. „Alles ist besser als!

Nichts ist schlimmer!"

„Okay, okay. Was magst du?"

„Mädchen".

„Klar, Mädchen. Jeder mag Mädchen. Was noch? Außer Mädchen."

„Motorräder. Fußball."

„Ducati?"

„Ja, Ducati."

„Ich habe eine Ducati."

„Wie kannst du angeln und eine Ducati haben? Das macht keinen Sinn."

Jetzt mischte Ronnie sich ein. „Fußball. Okay, Milan. Welche Mannschaft? Kroatien hat eine gute Mannschaft."

„Ja, Ja, aber Manchester United sind beste. David Beckham. Er ist bester Spieler der Welt. David Beckham ist der Beste."

„David Beckham ist eine Muschi."

„Was ist eine Muschi?"

„Eine Heulsuse, ein Mädchen … er trägt Mädchenunterwäsche … Damenhöschen."

„Mädchenunterwäsche? Ha ha! Das ist Quatsch. Beckham ist auf jeden Fall der beste Spieler der Welt. Er ist mein Held. Wie kommst du darauf, dass er Mädchenunterwäsche trägt?"

„Keine Angst, Milan. Ronnie ist wahrscheinlich Fan von irgendeinem unaussprechlichen Hinterwäldlerverein. Hibernian Breeches oder sowas in der Art. Egal, Fußball ist sowieso noch schlimmer als Angeln. Beim Fußball passiert ja wirklich gar nichts … ein einziges permanentes Crescendo ohne Höhepunkt. Und alle paar Millionen Jahre schießt irgendwer ein Tor!"

„Dann musst du mich in Otočac spielen sehen. Ich schieße ständig Tore."

Die schwere Frau lehnte an ihrem Zaun und betrachtete die Hühner. Als wir um die Scheune herumkamen, sah sie auf. Sie hatte gegerbte Haut und einen schwarzen Schal. Sie lächelte und zeigte uns an, dass wir durch ihren Garten zum Fluss gehen dürften. Wir nickten dankend, liefen die Gemüsebeete entlang und stiegen durch ein Loch im Zaun. Der Fluss wand sich um das Haus und den Obstgarten. Ein grauer Fisch schlängelte in einer klaren Stelle im Kraut hin und her. Irgendwo im Haus lief das Radio. Wir gingen durch die Aue flussab, bis wir unter dem Fisch standen, dann setzten wir uns ans Ufer und überlegten, wie wir vorgehen sollten.

Eine Köcherfliege taumelte auf der Oberfläche, und ein Fisch drehte sich seitlich nach ihr. Wir versuchten es mit einer Köcherfliegenpuppe. Die Forelle reagierte nicht. Da versuchten wir es noch mal mit einer Trockenfliege, dann mit einer kleinen Nymphe. Der Bauer, vermutlich der Mann der Kokosnussfrau, mähte unter den Bäumen Heu. Er legte seine Sense nieder und kam zu uns. Als er die Fliege an meiner Schnur sah – ich benutzte jetzt wieder eine kleine, mit CDC gebundene Köcherfliege –, schüttelte er den Kopf. „This nein, this ja." Er zeigte in meiner Fliegendose auf eine Peeping Caddis mit einem an den Kopf gebundenen Spaltblei. Ich band sie an die Schnur und dankte dem Bauern, der zurück zu seiner Sense ging. Als er weg war, nahm ich die Fliege wieder ab. Alle wollten, dass wir mit diesen Bomben angeln.

Ich beobachtete den Fisch. Er schoss zur Seite, ließ sich im Lauf hinabtreiben und schob sich dann wieder mit zuckenden Bewegungen flussauf. Ja, leck mich doch. Ich band die Peeping Caddis wieder an und warf den Fisch an. Ein irres Teil, es fiel wie ein Stein ins Wasser und sank. Ich hob die Rute an, um die Schnur gegen die Strömung zu menden, die Nymphe zuckte, der Fisch war dran. Als die Fliegenrute nach unten schoss, schrie der Bauer. Ich drehte mich um. Er hatte beide Arme gehoben. Der Fisch stieg vom Flussbett auf und beschleunigte überm Kraut flussabwärts, während sein Schwanz halb aus dem Wasser ragend wie ein Propeller durch die Oberfläche pflügte.

„Halfordisch war das aber nicht gerade, Charlie. Hast du gesehen, wie das gespritzt hat? Da hätte die Forelle doch eigentlich austicken müssen."

„Ich vermute, die sitzen einen guten Meter tief. Das Wasser ist so klar, schwer zu sagen."

„Das ist eine große Forelle, Charlie." Endlich hatten wir sie. „Sieh dir diesen Körper an. Sowas schaffst du dir nicht mit Sellerie drauf. Diese Forelle frisst wie ein Schwein. Muss was richtig Gutes hier drin sein."

Milan kam, um uns nach Plitvice zu fahren. Wir überquerten den Pass und kauften bei einem Bauern, der an der Landstraße einen Verkaufsstand aufgebaut hatte, Honig. Sahen noch mehr ausgebrannte Häuser, die mit Einschusslöchern durchsiebt waren.

„Diese Häuser, Milan", sagte Ronnie. „Manche sind komplett durchlöchert, andere noch heile."

„Das sind die Häuser der Serben. Es ist traurig. Alle waren friedlich, dann haben sich alle umgebracht. Jedenfalls haben sie angefangen, und jetzt sind sie nicht mehr willkommen. Sie haben kein Geld in Serbien. Deshalb, wenn sie hierher zurückkommen aufs Land, ignorieren die Leute sie. Wenn sie versuchen, nach Otočac zu gehen, das wäre schlecht. Einige Leute würden sie vielleicht töten."

Wir mussten dringend das Thema wechseln.

„Das ist nett, dass du uns überall hinfährst, Milan. Was können wir dir dafür geben? Eine Angelrute?"

„Ha ha, bitte nicht. Keine Angelrute."

Er überlegte.

„Ja. Eine Sache. Ein David Beckham-Trikot Nummer 7

mit kurzen Ärmeln.“

Als ich heimkam, bestellte ich eins. Ich erwähnte es gegenüber einem Freund, der Beckhams PR-Manager kannte. Er wollte es für mich signieren lassen. Es dauerte Monate. Ein Jahr später brachten wir es mit: „Für Milan, beste Grüße David Beckham“. Zwei Tage lang zog Milan es nicht mehr aus. Er behielt es sogar im Bett an. Auch bei einem Spiel mit Otočac trug er es und schoss zwei Tore.

Am letzten Tag fuhren wir hinauf zu den Mühlen, um Mrs. Slivo zu besuchen und in ihrer Aue Forellen zu fangen. Ich stand auf den angeknacksten Brettern der Kornmühle und fotografierte Marc und Birch, die in dem Gumpen angelten, in dem die Wasserläufe zusammentreffen und der Gacka beginnt. Marc führte eine Nymphe durch den Gumpen. Ich beobachtete ihn durch den Sucher meiner Kamera, Mrs. Slivos Haus am Ufer dahinter, und der Gacka wand sich aus dem Bild zu einem fernen hellgrünen Fluchtpunkt mit feurigen Flecken. Der Himmel war von reinem Blau. Marcs Rute hüpfte in die Höhe, die Schnur blitzte in der Sonne auf und im Gumpen über ihm ploppte eine kleine Forelle ins Bild.

Unser Mittagessen bestand aus schwerem kroatischen Brot, Salamischeiben, Orangina. Wir fanden einen Ort am Fluss, wo wir essen konnten. Wir hatten alles abgefischt. Das hier war mit Abstand die beste Stelle. Aber Birch hatte noch einen Nebenarm entdeckt, den er gern ausprobieren wollte, bevor wir fuhren. Ein hübscher knackiger Wasserlauf, der sich durch eine ungemähte Weide schlängelte und an der „Straßenbrücke“ vorbeiführte, wie wir sie nannten. Ich wusste, dass die Kroaten die meisten Nebenflüsse als Naturschutzgebiet ausgewiesen hatten, aber unsere Karte war da uneindeutig. Während wir sie studierten, kam das Moped des Aufsehers den Hügel herabgepupst, bog nach links, dann rechts, bis er an den Mühlen unter uns war und sich fragte, wo wir waren. Wir winkten und riefen ihn herüber, boten ihm Salami und Brot an. Er überprüfte unsere Wochentickets – zum sechsten Mal in dieser Woche –, stanzte in jedes Ticket ein Loch, und wir versuchten, ihn zu dem Nebenfluss auszuquetschen. Er sprach kein Englisch, nur ein bisschen Deutsch. Birch konnte Deutsch, aber ihr Gespräch wirkte babylonisch, mit Nicken und Wedeln und Deuten, bis Birch meinte, wir dürften in dem Fluss fischen. Ich glaubte, wir durften nicht, wollte es aber gern versuchen, und der Aufseher sah zufrieden drein, dass wir ihn verstanden hatten. Wir gaben ihm den Rest Brot und Salami und machten uns auf den Weg, mit einem kurzen Zwischenstopp an einem Straßencafé.

Es war ein schöner Wasserlauf, nur ein paar Armlängen breit, aber mit einer starken Strömung und klarem Wasser. In jeder Biege fiel am Rand des Krautbetts ein tiefer Gumpen oder eine Unterspülung ab. Birch angelte unterhalb der Landstraße, während wir von der Brücke aus zusahen. Er warf eine schwere Nymphe über die Rausche, um sie in das tiefere Wasser unter uns zu manövrieren. Wir sahen einen großen Fisch. Er wand sich unruhig um den Gumpen, aber gleich beim ersten Wurf stürmte er zur Nymphe, ehe er abdrehte und den Kies bäuchelte.

„Du hast ihn verpasst."

Birch versuchte es weiter.

Im Gumpen über der Straße sahen wir drei große Fische. Ronnie beschloss, auf sie zu fischen, und ich ging flussauf durch die Aue, warf in die Pools und an Unterspülungen, weit vom Ufer entfernt stehend, sodass die Schnur über das trockene Gras fiel. Ich fing ein paar kleine Bachforellen und drehte mich um, als ich das Moped des Aufsehers hörte. Schon an seiner Körpersprache sah ich, dass ich am falschen Ort war, und kurbelte die Schnur ein, als Marc mir zurief: „Charles, komm lieber wieder zu uns.“

Mit einem zutiefst reuevollen Blick ging ich zu ihnen. Der Aufseher nickte streng, es sei mir verziehen.

„Wir angeln im Naturschutzgebiet. Er ist ein bisschen angepisst.“

Unglücklicherweise hatte Ronnie im Gumpen oberhalb der Brücke eine hübsche Forelle gehakt. Der Aufseher beobachtete ihn wie ein Schulleiter, der zusehen muss, wie ein paar Kinder die Wände des neuen Klassentrakts bepinseln. Aber Ronnie kriegte die Forelle nicht an Land. Es war eine Regenbogenforelle, ein unermüdlicher Fisch. Immer wenn er sie an die Wasserkante bugsierte, schlug sie aus und zischte die Schnur wieder ein Stück von der Rolle, bis es in den Ohren weh tat. Keiner sagte ein Wort.

Endlich hatte Ronnie sie im Kescher an Land geholt, und Birch scherzte, Ronnie sei ein böser Junge. Wir lachten, worauf das ernste Gesicht des Aufsehers ein klein wenig weicher wurde. Dann kam Ronnie zu uns, drehte sich um und beugte sich vor, um den Böser-Junge-Witz weiterzutreiben. „Ha ha. Böser Junge. Tusch tusch.“ Es war wirklich lustig, bis wir bemerkten, dass der Aufseher den Witz nicht verstand. Er sah Ronnie ohne einen Hauch von Verständnis oder Belustigung an, und die Zeit schien zu gefrieren. Langsam wurde Ronnie, der immer noch vornübergebeugt stand, gewahr, dass sich sein versöhnlich gemeinter Scherz gerade ins Gegenteil verkehrte. Noch bevor irgendwer die Geste mit dem vorgetäuschten Schlag aufklären konnte, trat Birch vor, packte Ronnie an der Hüfte und mimte heftige Stoßbewegungen mit dem Becken, wobei er in brüllendes Gelächter ausbrach.

Marc und ich gingen zum hinteren Ende der Brücke und hofften nur, dass die Szene bald ein Ende fand. Der Aufseher sah aus, als wollte er sich am liebsten verziehen. Als Birch schließlich bemerkte, dass er immer noch nicht lächelte, ließ er seine Stöße enden. Er versuchte es noch mal mit einem dreisten Bluff und fragte den Aufseher, ob er uns den richtigen Ort zum Angeln zeigen könne. Dann zerrte er ihn für einen Schnappschuss zu sich und fragte: „Kommen Sie mit?“ Der Aufseher nickte nervös. Er stieg auf sein Moped und fuhr eilends über das Feld davon. Wir sahen ihm nach, bis er hinter dem Hügel verschwunden war. Dann betrachteten wir einen Moment den leeren Horizont. Er kehrte nicht zurück.

„Jungs“, sagte Marc. „Ich glaube, wir brauchen mal wieder ein neues Land.“

DANKSAGUNG

Vicky für alles.

Jonathan Young und allen Mitarbeitern der Zeitschrift *The Field*, dass sie mich zum Schreiben ermutigt, mich angeln geschickt und meine Artikel veröffentlicht haben. Einige Geschichten aus diesem Buch waren ursprünglich Auftragsarbeiten für *The Field*.

Ronnie Butler, Richard Slocock, Patrick Lloyd, Rod Hughes, Nick Zoll, Simon Cain, Marc Bale, Jim Babb und der gefriergetrockneten Crew, Mark Bowler, Jonathan Young, Tony Ling und Tony Hayter für ihre angenehme Gesellschaft und schöne Angeltage.

Tristan Jones, Rachel Cugnoni und Beth Coates, dass sie an dieses Buch geglaubt und mich beim Schreiben unterstützt haben.

Jim Babb, Nick Zoll und Tom McGuane für wohlgewählte Worte der Ermunterung und Anleitung. Rachel Thorn für ihre deutlichen Worte.

„Londoner Forellen" ist zuerst in einer anderen Fassung unter dem Titel „Trout Within the M25" in City Fishing erschienen (Stackpole Books). „Überdruss" ist zuerst in einer anderen Fassung im Gray's Sporting Journal erschienen.

VERWENDETE LITERATUR

Jack Kerouac, Unterwegs, aus dem Englischen von Thomas Lindquist, Reinbek bei Hamburg, [52]1997.

Guy de Maupassant, „Die beiden Freunde", aus dem Französischen von Georg Freiherr von Ompteda, in: Projekt Gutenberg (Online-Projekt).

DANKSAGUNG DES VERLEGERS

„Angelprosa? Literarische Kurzgeschichten und Erzählungen übers Fliegenfischen? Hat in Deutschland noch nie funktioniert!“

So und ähnlich hörten sich die Meinungen mancher Befragter an, als ich von meinen Verlagsplänen berichtete.

Zum Glück umgibt mich auch eine weitere Gruppe an Freunden, Bekannten und Fliegenfischern. Menschen, die mich vom Anfang an darin bekräftigten, dieser Idee Leben einzuhauchen. Dem nicht genug, mich bei der Realisierung dieses Vorhabens tatkräftig unterstützten. Allen voran Marcel Winkens, der sofort, als er davon hörte, an das Projekt deutschsprachige Fliegenfischerliteratur und an *Ferne Welt* geglaubt hat. Über einen längeren Zeitraum hat er als Fachlektor, Business Consultant, Redakteur (*Am Haken*) und per Videobotschaft dieses Projekt begleitet.

Ohne Wertung und Gewichtung bedanke ich mich herzlich und in chronologischer Reihenfolge aber bei allen, die es ermöglichten, dass dieses Buch hier nun vorliegt.

Monique Corless und Sam Coates von Penguin Random House UK für das Vertrauen in einen kleinen Verlag. Charles Rangeley-Wilson für die Begeisterung, sein Werk ins Deutsche übersetzt zu sehen. Bernd Nickoleit für die frühzeitige Ermutigung zur Umsetzung meiner Idee. Frank Sievers für den Enthusiamus, sich als Nichtangler in die Welt der Fliegenfischer hineinzudenken. Als er *Ferne Welt* als „… Buch mit essentieller Wucht, wie ich ihr seit Saint-Exupéry nicht mehr begegnet bin …“ bezeichnete, wusste ich eine Veröffentlichung gewählt zu haben, die möglicherweise weit über die überschaubare Gruppe an Fliegenfischern für Freude sorgen wird.

Heidemarie Düll gegenüber bin ich wie immer sehr für die rasche Korrektur verpflichtet. Mathias G. Kensa für seine spitze Zunge bei der Beurteilung der ersten Vorlagen und seine noch spitzere Feder beim Feinschliff.

Als Ein-Mann-Verlag ein Buch zu verlegen, ist eine nicht zu unterschätzende Herausforderung. Es letztlich einer breiteren Leserschaft bekannt zu machen, vielleicht noch eine viel größere. Immense Unterstützung erhielt ich dabei von Simon Imiela, der mir ein schickes Marketing-Video drehte, und bei Stephan Dombaj, der die junge Öffentlichkeit wissen ließ, warum er als quasi Millenial gedruckte Bücher noch immer schätzt.

Die Begeisterung für mein Vorhaben seitens der deutschen Angel- und Fliegenfischerpresse bestärkt mich auf meinem Weg. Stefan Alt (*SCALE Magazine*), Thomas Kalweit (*Fisch & Fang*), Elmar Elfers (*Fisch & Fliege*), Michael Werner (*FliegenFischen*) sind daran beteiligt, dass sich schon vor der Veröffentlichung von *Ferne Welt* eine beachtliche Anzahl an Leuten auf dieses Buch freute.

Trotz meines absoluten Bekenntnisses zur analogen Wortwelt bleibt das Internet eine wichtige Form der Informationsbeschaffung und -verbreitung. Dort konnte ich mich nicht nur über eine große Anzahl an leidenschaftlichen Unterstützern in den sozialen Medien freuen. Sondern auch über viele Betreiber von Blogs und Foren, die für mein Vorhaben fleißig die Trommel rührten – aus (Vor-) Freude über das nun vorliegende Buch, wie ich mir noch vor der Veröffentlichung sagen ließ. Namentlich sind das: Jan Aben (*Finest Fly Fishing*), Erwin Rießle (*Komm Fliegenfischen*), Hans Peherstorfer (*Soulfishing*), Michael Müller (*FliegenfischerForum*), Kristof Reuther & Lukas Kirchgäßner (*Danica Dudes*), Jan Scheffmann (*CDC Caddis*).

Dank Euch allen verlief die von mir zur Realisierung weiterer Buchprojekte aufgesetzte Crowdfundingkampagne erfolgreich. Ich verbeuge mich vor allen Unterstützern dieser Kampagne mit ihren Vorbestellungen. Besonderer Dank gilt dabei: Ringo Sommer, Birk-Uwe Boldt, Wolfgang Möller, Christian Küttel, Susanne Heimes, Bernd Nickoleit, Eduard Reiter, Marcel Winkens, Thorsten Drewes, Theodor ‚Solitip' Matschewsky, Hans Lanz, Jörn Borrmann, Ralf Holzhäuser, Peer ‚Springforelle' Doering-Arjes, Armin Göllner, Christof Munz-Kocherscheidt, Armin Mutscheller, Markus Derkum, Albert ‚Freunde der Gmundner Traun' Pesendorfer, Miran Bilic, Uwe Ambrosch, Michael Schmitt, Raffaela Hönel, ‚Chilisepp' Muchitsch, Joachim Lorenz und Alexander Bäuerle.

Gute Angelprosa verdient ein modernes Erscheinungsbild. Dass ich in Veit Dresmann einen hervorragenden Kommunikationsdesigner und einen noch besseren Freund gefunden habe, stimmt mich sehr glücklich. Für die freundschaftliche Beratung zu Produktionsbelangen bin ich Miran Bilic zutiefst verbunden.

Dass ich nun an diesem Punkt stehe, verdanke ich aber auch Amy Frost, die mir in Zeiten, wenn der Druck unerträglich zu werden scheint, den Rücken freihält. Die jüngste Unterstützerin meines Vorhabens ist Evelyn Romy Frost, die bereits jetzt großes Interesse für bedruckte Seiten zeigt. Ich bin froh, Euch in meinem Leben zu haben. Die weiteren Schritte bei der Entwicklung des *Forelle & Äsche Verlags* fallen dank Euch beiden leicht.